Christiane Martin

Holz im naturnahen Garten

Inhalt

Vorwort

Holz ist ein einzigartiger Naturstoff, der seit Menschengedenken genutzt wird – und das auf vielfältigste Weise, wie bereits Martin Luther erkannt und 1532 in einer seiner Tischreden zum Besten gegeben hat: *„... als Bauholz, Brennholz, Tischlerholz, Böttigerholz, Stellmacherholz, Holz zu Stuben, Schubkarn, Schaufeln, zu hölzern Kandeln, zu Fassen, Gelten etc. [...] In Summa, Holz ist der größten und nöthigsten Dinge eines in der Welt, des man bedarf und nicht entbehren kann."* Dies gilt noch einmal mehr im naturnahen Garten, denn wer hier gestalten will, braucht natürliche Materialien, und nichts bietet sich dabei mehr an als Holz. Ob Zaun oder Weg, Kompostbehälter oder Blumenkasten – mit etwas handwerklichem Geschick und einer guten Anleitung kann man Garteninventar aus Holz leicht selbst bauen.

Doch wer Holz als Baumaterial wählt, muss sich bewusst sein, dass seinem Werk nicht das ewige Leben beschieden sein wird. Holz, das unter freiem Himmel Regen, Sonne und Wind ausgesetzt ist, verrottet mit der Zeit. Aber vielleicht ist das ja auch gar nicht so dramatisch, weil man nach fünf Jahren sowieso Lust hat, ein neues Vogelhaus zu zimmern oder weil nach zehn Jahren das holzgepflasterte Sonnendeck zu sehr von einem Baum beschattet wird und man lieber woanders einen neuen Liegeplatz plant. Holz im naturnahen Garten sollte Teil des natürlichen Werdens und Vergehens sein.

Und so gehört neben dem Baustoff „Holz" auch lebendes Holz in einen Garten; es wächst hier in Form von Bäumen, Sträuchern und Hecken, die ein wichtiges Gestaltungselement sind. Gleichzeitig bieten sie Lebensraum für zahlreiche Tiere und spenden Schatten, Sicht- und Lärmschutz.

Dieses Buch soll einen Überblick über die genannten Facetten von Holz im naturnahen Garten geben. Es bietet konkrete Anregungen für die Gestaltung mit lebendem und „totem" Holz und bietet darüber hinaus viele zusätzliche Informationen für die naturnahe Bewirtschaftung eines Gartens.

Zur Entstehung dieses Buches haben meine Familie und viele meiner Freunde mit Zuspruch, Unterstützung und so manch praktischem Rat beigetragen. Ihnen allen möchte ich an dieser Stelle herzlich danken – ganz besonders meinem Bruder, Johannes Munke, der mir als ausgebildeter Schreiner viele wertvolle Hinweise gegeben hat.

Christiane Martin, Köln, im Juni 2009

Holz als nachwachsender Rohstoff

Die Bedeutung von Wäldern, die global ein Drittel der Landfläche bedecken, ist immens. Sie speichern Kohlenstoff, produzieren Sauerstoff, bieten Lebensraum für Millionen Tier- und Pflanzenarten und liefern einen der vielseitigsten natürlichen Rohstoffe, das Holz. Seit Menschengedenken wird Holz – nachwachsend und preiswert – zum Werken, Bauen und Heizen benutzt. Auch in naturnahen Gärten spielt es eine wichtige Rolle – als lebendes Element in Form von Bäumen und Sträuchern und als naturbelassener Werkstoff.

Mein Freund, der Baum

Bäume werden als unübersehbare und prächtige Landschaftselemente seit Menschengedenken verehrt und sind eng mit der Kulturgeschichte der Menschheit verknüpft. Sie lieferten schon in der Steinzeit Brennstoff und Material zur Herstellung von Waffen, Schmuck und Haushaltsgegenständen. Man sah in ihnen Götterwohnungen, betete sie als Heiligtümer an und betrachtet sie bis heute als Sinnbild für das Leben.

„Bäume sind Heiligtümer. Wer mit ihnen zu sprechen, wer ihnen zuzuhören weiß, der erfährt die Wahrheit. Sie predigen nicht Lehren und Rezepte, sie predigen, um das Einzelne unbekümmert, das Urgesetz des Lebens."
Hermann Hesse in „Wanderung"

Einzelne Bäume dieser alten Lindenallee in Tübingen stammen aus dem Jahr 1508.

Entsprechend vielfältig ist auch das Brauchtum, das mit Bäumen verknüpft ist. So werden sie gepflanzt, um Orten oder Ereignissen eine besondere Bedeutung zu verleihen. Als Maibäume übermitteln sie Liebesgrüße, als Richtbaum weihen sie ein neues Heim und als Barbarazweige, Ostersträuße oder Weihnachtsbäume bringen sie nicht nur Zierde, sondern auch symbolisch Licht und Leben in unsere Häuser.

Organismus der Superlative

Botanisch betrachtet sind Bäume verholzte Pflanzen, die aus einer Wurzel, einem Stamm und einer Krone bestehen. Die Ausprägung ihrer Gestalt ist dabei äußerst vielfältig; auf den ersten Blick kann man beispielsweise Nadel- von Laubbäumen unterscheiden. Allen Bäumen gemeinsam ist ihre Dauerhaftigkeit, die sie zu einzigartigen Organismen macht.

Baum-Methusalem Bäume können um vieles älter werden als wir Menschen. Der älteste bekannte Baum der Welt, eine Fichte in Schweden, soll fast 10.000 Jahre alt sein. Auch in Mitteleuropa gibt es sehr alte Bäume, die meist zwischen 300 und 600 Jahre alt sind.

Baum-Gigant Bäume gehören zu den größten Lebewesen auf der Erde. Sie können metertief wurzeln, weit in die Höhe wachsen und einen beträchtlichen Stammumfang erreichen. Die höchsten Bäume der Welt sind die in Kalifornien heimischen Küstenmammutbäume *(Sequoiadendron sempervirens)*, zu denen auch der derzeit höchste Baum „Hyperion" mit 115 m Höhe gehört. Aber auch australische Eukalyptusbäume können sehr groß werden; ein 1872 gefällter Rieseneukalyptus *(Eukalyptus regnans)* soll sogar 132 m hoch gewesen sein. Viel höher aber können Bäume aufgrund physikalischer Gesetzmäßigkeiten nicht werden – bei 150 m hört das Wachstum auf, weil dann die von den Wurzeln bis zu den Blattspitzen reichende Wasserversorgung abreißt.

Ökosystem Wald

Dort, wo Bäume ausreichend Licht, Wärme und Wasser vorfinden, bilden sie Wälder. In Mitteleuropa gilt deshalb außer auf einigen Sonderstandorten, wie in Gebieten über der Baumgrenze oder auf zu feuchten Standorten, eine geschlossene Waldbedeckung als die zu erwartende potenzielle natürliche Vegetation. Tatsächlich ist aber beispielsweise in Deutschland nur ein Drittel der Landfläche bewaldet, in Österreich knapp die Hälfte.

Wälder bilden komplexe Ökosysteme, die äußerst produktiv sind – vor allem in tropischen Regenwäldern erfolgt der Stoffumsatz mit großer Geschwindigkeit und in einem nahezu geschlossenen Kreislauf. Als Kohlenstoffspeicher und Sauerstoffproduzenten haben die Wälder außerdem einen wichtigen Einfluss auf das Klima.

Das Ökosystem Wald ist räumlich unterteilt und bietet in jeder Schicht – der Baum-, Strauch-, Kraut-, Moos- und Wurzelschicht – vielen Organismen Lebensraum. Unsere heimischen Wälder, vorausgesetzt sie sind weitgehend naturbelassen, sind für viele Tiere die einzigen Rückzugsräume.

Waldschäden Nachdem in den 1980er-Jahren das Schreckgespenst des Waldsterbens die Runde machte und man ein großflächiges Absterben der Bäume in Mitteleuropa aufgrund von Umweltverschmutzungen befürchtete, wurden Millionenbeträge in die Waldsanierung und in Umweltschutzmaßnahmen investiert. Dennoch sind auch heute noch viele Waldbäume geschädigt – wirksamer Umweltschutz bleibt deshalb auch im Hinblick auf die Funktionsfähigkeit der Wälder eine der größten Herausforderungen der Menschheit.

Nutzungssystem Forst

Wälder sind nicht nur Ökosysteme mit vielfältigen Funktionen für Natur und Umwelt, sie werden weltweit in großem Ausmaß auch wirtschaftlich und touristisch genutzt. In Mitteleuropa gibt es deshalb nur noch wenige Relikte absolut naturbe-

Buschwindröschen *(Anemone nemorosa)* in einem Buchenwald.

Jährlich wachsen in Österreich 30 Millionen Kubikmeter Holz nach. Zwei Drittel davon werden jedes Jahr geerntet.

lassener Urwälder. Die meisten Waldflächen sind sogenannte Wirtschaftswälder, die nach dem Grad ihrer Natürlichkeit bewertet werden können. Als naturnahe Wirtschaftswälder gelten dabei Flächen, die eine annähernd natürliche Artenzusammensetzung aufweisen. Naturferne Wirtschaftswälder dagegen sind Waldflächen, in denen auch nicht einheimische Bäume wachsen.

Die Wald- und Forstwirtschaft in Österreich und in Deutschland ist ein wichtiger Teil der Volkswirtschaft; in Österreich leben ungefähr 280.000 Menschen vom Wald, und Holz ist zudem ein bedeutendes Exportgut. Nachdem in früheren Zeiten in ganz Mitteleuropa Wälder durch Übernutzung großflächig zerstört worden sind, versuchen Forstwirte heute zunehmend nachhaltig zu arbeiten.

Eigenschaften von Holz

Die Nutzungseigenschaften von Holz werden wesentlich durch seinen Aufbau bestimmt. Dabei gibt es gleichbleibende Elemente, die sich in allen Holzarten finden, aber auch viele Unterschiede. Generell ist Holz ein organisches Material, das dem natürlichen Kreislauf von Werden und Vergehen unterworfen ist. Das macht Holz zu einem nachwachsenden, aber auch vergänglichen Werkstoff. Gleichzeitig zeichnet sich Holz durch eine gewisse Stabilität aus, da in die Zellwände feste Stoffe eingelagert sind, die sogenannten Lignine (von lateinisch *lignum* = Holz). Es eignet sich deshalb als Baumaterial und kann mit Werkzeugen bearbeitet werden. Allerdings nimmt auch bereits geschlagenes Holz je nach Umgebung Feuchtigkeit auf oder gibt sie ab, wodurch sich das Volumen und die Form des Holzes ändern. Es kann dann schwinden, quellen, reißen oder sich verziehen, das heißt, es „arbeitet", ein Umstand, den man bei der Verwendung von Holz als Werkstoff berücksichtigen muss.

Nachhaltigkeit

Das Konzept der Nachhaltigkeit – heute weltweit in aller Munde – ist 300 Jahre alt und stammt aus der Forstwirtschaft. Hans Carl von Carlowitz, Oberberghauptmann am kursächsischen Hof in Freiberg, verfasste 1713 die *„Sylvicultura Oeconomica* oder haußwirthliche Nachricht und Naturmäßige Anweisung zur wilden Baum-Zucht".

Aufmerksam geworden auf den damals überall in Europa herrschenden Holzmangel propagierte er darin: *„Daß man mit dem Holtz pfleglich umgehe [...] und eine Gleichheit zwischen An- und Zuwachs und dem Abtrieb des Holtzes erfolget [...], daß es eine continuirliche, beständige und nachhaltende Nutzung gebe."* Das Werk Carlowitz' entfaltete beachtliche Wirkung, und die Idee der Nachhaltigkeit wurde bereits im 19. Jahrhundert zur Grundlage im Forstwesen – auch über die Grenzen Deutschlands hinaus. An der Schwelle zum 21. Jahrhundert, als viele Umweltprobleme unübersehbar wurden, kam das alte Konzept der Nachhaltigkeit zu neuem Ruhm und wurde auf die gesamte Ökologie, Ökonomie und das Sozialwesen ausgedehnt.

Holzaufbau Bäume wachsen nicht nur in die Höhe, sondern auch beträchtlich in die Breite und verdanken dieses Dickenwachstum dem sogenannten Kambium, einer dünnen Schicht teilungsfähiger Zellen unter der Rinde im Inneren des Baumstammes. Diese Wachstumszellen bilden nach außen Bastzellen und nach innen Holzzellen. Aus dem Bast entstehen die Borke und die Nährstoff leitenden Gefäße. Die Holzzellen dagegen bilden die Wasser und Salze leitenden Gefäße. Ganz im Inneren verläuft das Mark, in dem Stoffe gelagert werden. Die Markstrahlen, die sich später auch zu Holz- oder Baststrahlen entwickeln, verlaufen von innen nach außen und dienen der radialen Versorgung des Stammes mit Wasser und Nährstoffen.

Früh- und Spätholz Das vom Kambium aus nach innen wachsende Holz zeigt in unseren Breiten deutlich sichtbare Jahresringe. Im Frühjahr, wenn die Bäume „im Saft stehen", bilden sich weiträumige, dünnwandige helle Zellen. Dieses Frühholz macht einen schnellen Wasser- und Salztransport möglich. Im Spätsommer und Herbst vor der Winterruhe entsteht aus engen, dickwandigen Zellen mit dunklerer Färbung das festere Spätholz. An der Anzahl der Jahresringe lässt sich das Alter eines Baumes ablesen. Bei tropischen Bäumen gibt es statt der Jahresringe zeitlich unabhängige Zuwachszonen.

Kernholz, Reifholz, Splintholz Viele Bäume bilden im Inneren ihres Stammes eine Kernholzzone. Diese besteht aus abgestorbenen Zellen, in deren Wänden Gerbstoffe und andere Substanzen eingelagert werden, die die Dauerhaftigkeit des Holzes erhöhen. Bei sogenannten Kernholzbäumen wie Douglasie *(Pseudotsuga)*, Eiche *(Quercus)*, Kiefer *(Pinus)*, Lärche *(Larix)* und Robinie *(Robinia)* ist das Kernholz sichtbar dunkler gefärbt als die äußeren Holzschichten, die das Splintholz bilden. Sogenannte Reifholzbäume wie Fichte *(Picea)*, Feld-Ahorn *(Acer campestre)*, Buche *(Fagus)* und Linde *(Tilia)* bilden zwar einen Kern, der aber nicht verfärbt ist. Manche Bäume verkernen gar nicht, sodass ihre Stämme vollständig aus Splintholz bestehen, zum Beispiel der Spitz-Ahorn *(Acer platanoides)*, die Birke *(Betula)* oder die Erle *(Alnus)*. Das Holz der Splintholzbäume verrottet sehr schnell und eignet sich folglich nicht als Werkstoff im Garten.

Weich- und Hartholz Je nach Dichte teilt man Hölzer in Weichholz und Hartholz ein. Buchen und Eichen beispielsweise wachsen langsam und bilden Hartholz. Nadelhölzer, Weiden *(Salix)* und Pappeln *(Populus)* bilden Weichholz.

Holzaufbau

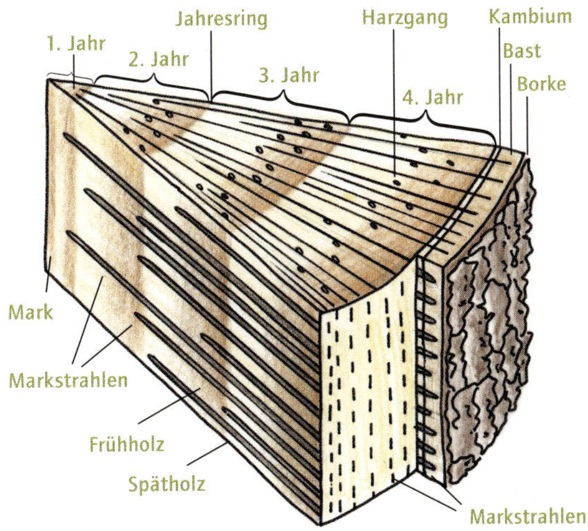

Keil aus einem Kiefernstamm

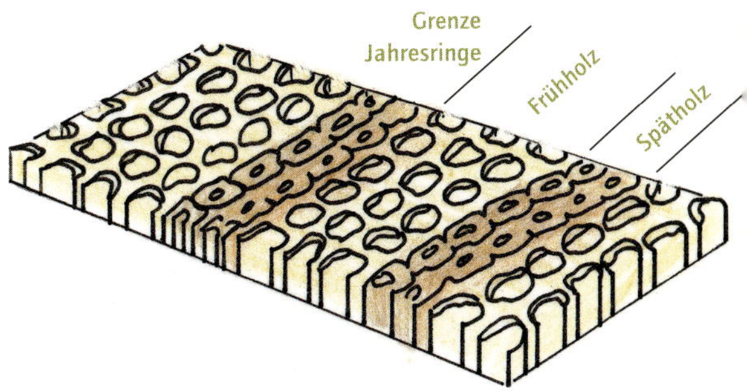

Betrachtet man die Jahresringe mit dem Mikroskop, sind deutlich das größere Volumen und die dünneren Zellwände des Frühholzes zu erkennen.

Kein Garten ohne Holz

Wer einen Garten besitzt, weiß, dass er mehr hat als nur ein begrüntes Stück Erde hinter dem Haus. Ein Garten ist eine Quelle der Erholung, Lernort, Spielplatz, Nahrungslieferant, Wohnraum und ein Ort der Glückseligkeit.

Doch nur wer einen Garten im Einklang mit der Natur bewirtschaftet und nutzt, schafft mit ihm auch ein Ökosystem und Lebensräume für andere Organismen. Die niederösterreichische Naturgartenaktion, in deren Rahmen auch dieses Buch erscheint, zeigt mit ihrem Motto „Natur im Garten – gesund halten, was uns gesund hält" deutlich, welche Motivation dazu führen sollte, einen Garten naturnah zu gestalten.

Die Heckenbraunelle *(Prunella modularis)* nutzt Gehölze im naturnahen Garten als Lebensraum.

„Willst du für eine Stunde glücklich sein, so betrinke dich. Willst du für drei Tage glücklich sein, so heirate. Willst du für acht Tage glücklich sein, so schlachte ein Schwein und gib ein Festessen. Willst du aber ein Leben lang glücklich sein, so schaffe dir einen Garten."
Chinesisches Sprichwort

Baum, Busch und Baustoff

Holz gehört als lebendes Element in jeden gut strukturierten und ökologisch wertvollen Garten. Ob als Baum, Strauch oder Hecke – Holz bestimmt den optischen Eindruck eines Gartens und schafft eine räumliche Dimension. Gleichzeitig können Obstbäume und Beerensträucher Nahrung liefern, die gesund und wohlschmeckend ist. Nichts mundet besser als ein selbst geernteter Apfel!

Tieren bieten Gehölze Unterschlupf, Nistmöglichkeit und Futter. Dem Menschen dienen sie aber auch als Stätte der Vergnügung. Kinder können in Bäumen klettern, spielen und sich verstecken. Ein Baumhaus schafft eine paradiesische Idylle mitten im Grün einer Baumkrone und hoch über der Erde, und zwischen zwei kräftigen Bäumen kann eine bequeme Hängematte befestigt werden.

Zu einem Garten gehören aber nicht nur Bäume, Sträucher und andere Pflanzen, sondern auch Zäune, Tore, Wege, Terrassen, Lauben, Bänke, Spielgeräte, Vogelhäuschen, Rankgitter und Kompostbehälter. Der Mensch schafft sich mit verschiedenstem Inventar im Garten sein eigenes Reich, wo er bequem arbeiten, leben und sich erholen kann. Als Baumaterial eignet sich für all dies fast immer auch Holz. In naturnahen Gärten wird es als natürlicher Baustoff besonders gern eingesetzt, da es sich harmonisch einfügt.

Stöcke und Äste sind ideale Pflanzstäbe.

Eigene Holzernte

Wer Holz im Garten verbaut, wird es meist beim Förster, im Fachhandel oder im Baumarkt kaufen. Doch eine gewisse Menge an Holz fällt auch im eignen Garten an und sollte genutzt werden. Schnittgut von Bäumen und Sträuchern kann man zum Flechten von Zäunen verwenden, als Rankhilfe oder als Wegbelag, wenn man es vorher entsprechend klein häckselt.

TIPP **Benutzen Sie abgeschnittene Äste und Zweige als Pflanzstäbe zum Stützen von Stauden oder Gemüsepflanzen. Preiswerter geht es nicht – und natürlicher auch nicht.**

LAGERFEUER Immer wieder bleiben Holzreste im Garten übrig – sei es von der eigenen Ernte oder dem letzten Bauvorhaben. Oft lassen sie sich nicht weiter verwerten, dann bleibt die letzte und sehr archaische Form der Holznutzung: das Verbrennen. Ein Lagerfeuer ergänzt das Naturerleben im Garten perfekt. Es wärmt an kühlen Abenden, gibt romantisches Licht und vertreibt Mücken. Gleichzeitig ist ein Lagerfeuer auf unprätentiöse Weise unterhaltsam, denn es kostet fast nichts und bietet doch Abenteuer und Spannung. Schließlich will ein Feuer in Gang gehalten werden und man muss ständig stochern, Luft zufächeln und Holz nachlegen. Der Blick in die Flammen mit ihrem wechselnden Farbenspiel ist entspannend und regt gleichzeitig zum Erzählen und Musizieren an.

Lagerfeuer können an dafür vorgesehenen, mit Steinen befestigten Plätzen gemacht werden, aber auch in Feuerschalen oder -körben aus Metall. Statt einen Holzkohle-, Elektro- oder Gasgrill zu benutzen, kann man über die Glut eines verlöschenden Lagerfeuers einen Rost legen und Gemüse oder auch Fleisch ganz naturnah zubereiten.

Archaische Holznutzung: das Lagerfeuer.

Lebendes Holz im Garten

Holz im naturnahen Garten – das ist in erster Linie lebendes Holz. Bäume, Sträucher, Hecken und Gebüsche sind aus Gärten nicht wegzudenken. Sie bieten nicht nur Lebensraum für zahlreiche andere Pflanzen und für Tiere, sondern sie sind auch ein unverzichtbares Gestaltungselement und machen durch ihre Höhe aus zweidimensionalen Grünflächen dreidimensionale Grünräume. Außerdem spenden Gehölze Schatten und Sichtschutz, und viele ihrer Früchte sind essbar. Ein naturnah bewirtschafteter Garten enthält deshalb eine gesunde Mischung aus heimischen Bäumen und Sträuchern, die nach einfachen Regeln gepflegt werden.

Bäume und Sträucher

In keinem Garten sollten Gehölze fehlen, denn ihre Funktionen sind wichtig und vielfältig. Bäume und Sträucher sind elementare Gestaltungselemente, die die Struktur, das Aussehen und die Nutzungsmöglichkeiten eines Gartens bestimmen. Aber auch aus ökologischer Sicht sind sie unverzichtbar; sie verbessern das Klima und liefern Nahrung und Verstecke für Tiere.

Vorausschauend planen

Bei der Auswahl der Baum- und Straucharten sollte man sich maßgeblich von der zu erwartenden Wuchshöhe und -breite leiten lassen. Mancher gepflanzte Großbaum musste früh wieder gefällt werden, weil er über seinen Standort hinauswuchs. In einem wenige Meter breiten Vorgarten hat beispielsweise eine Linde mit ihren ausladenden Ästen nichts zu suchen; hier sollte besser eine schlanke Eberesche *(Sorbus aucuparia)* oder Vergleichbares stehen.

Frisch gepflanzte Bäume brauchen viel Wasser.

Außerdem sollten in einem naturnahen Garten vor allem heimische Gehölze gepflanzt werden, die zum einen robust und klimatisch optimal angepasst sind und zum anderen zahlreichen Tieren Lebensraum bieten. Man sollte sich deshalb von dem reichhaltigen Baumschulangebot an exotischen Gehölzarten nicht verführen lassen und einheimische Arten bevorzugt pflanzen. Auch wenn ihr optischer Charme eher unauffälliger ist als der ihrer exotischen Verwandten, sind sie dennoch eine Zierde für jeden naturnahen Garten.

PFLANZUNG Auf gar keinen Fall dürfen bei der Pflanzung von Gehölzen die Wurzeln austrocknen. Besonders wurzelnackte Exemplare ohne Erdballen und Topf müssen deshalb beim Transport mit einer Plastikfolie geschützt und schnell eingepflanzt werden. Vorher sollte man sie allerdings bis zur einer Stunde wässern. Bei Ballenware oder sogenannter Containerware im Topf muss das Pflanzloch doppelt so groß sein wie der Erdballen; bei Wurzelnackten so groß, dass keine Wurzel umgeknickt wird. Die eingeschaufelte Erde wird festgetreten und mit reichlich Wasser eingeschlämmt. Solange es nicht regnet, müssen frisch gepflanzte Gehölze regelmäßig gegossen werden.

Gehölze kann man prinzipiell das ganze Jahr über pflanzen – solange der Boden nicht gefroren ist. Lediglich wurzelnackte Pflanzen ohne Erdballen müssen in der Zeit zwischen Ende September und Anfang April in die Erde gebracht werden.

TIPP **Verzichten Sie beim Pflanzen auf eine Düngung, denn der junge Baum oder Strauch schießt sonst üppig in die Höhe, bevor er genügend neue Feinwurzeln gebildet hat. Eine Mulchschicht aus Laub und gemähtem Gras kann aber nicht schaden. Sie sorgt für ein ausreichendes Nährstoffangebot und schützt vor Austrocknung.**

Goldparmäne ist eine Apfelsorte, die es bereits seit 500 Jahren gibt.

PFLEGE Wer standortgerechte Gehölzarten ausgewählt und beim Pflanzen alles richtig gemacht hat, braucht nur wenig Pflegeaufwand für Bäume und Sträucher zu betreiben. So ist beispielsweise auch später keine Düngung nötig; es reicht, das abgefallene Laub liegen zu lassen. Auch gießen muss man nach dem ersten Jahr meist nicht mehr, und beschnitten werden Gehölze im naturnahen Garten so wenig wie möglich, damit sie ihre natürliche Wuchsform ausbilden – mit Ausnahme von Obstbäumen und -sträuchern, die in jedem Fall einen regelmäßigen Schnitt brauchen.

Alte Apfelsorten

Alte Apfelsorten sind im Geschmack den neuen Züchtungen oftmals weit überlegen. Außerdem haben wissenschaftliche Studien ergeben, dass sie weniger Allergene enthalten und deshalb auch von vielen Menschen, die sonst mit Unverträglichkeit auf Äpfel reagieren, gegessen werden können.

Unter den alten Sorten finden sich sowohl etwas schwieriger zu kultivierende wie Goldparmäne als auch so gängige wie Cox Orange.

Obstbäume

Obstbäume sind ideale Gartenbäume: Sie bieten Blütenschmuck, haben die richtige Größe, eine schöne Herbstfärbung und leckere Früchte, die Nahrung für Mensch und Tier sind. Das Argument, Obstbäume würden zu viel Arbeit machen, ist entkräftet, wenn man sich vor Augen führt, dass ja nicht jede Frucht geerntet werden muss. Wer zum Beispiel im Juli die reifen Sauerkirschen hängen lässt, weil er keine Zeit hat, Marmelade daraus zu kochen, der kann sich über die Amseln freuen, die sich im Baum niederlassen und an den Früchten laben. Auch Äpfel müssen nicht unbedingt gepflückt werden, fallen sie herunter, machen sich Vögel, Insekten und kleine Säugetiere darüber her. Die Reste können auf den Kompost.

Obstbaumschnitt

Damit ein Obstbaum eine runde Kronenform und viele Früchte bildet, muss er direkt bei der Pflanzung oder im ersten Frühjahr danach beschnitten werden (Pflanzschnitt). Etwa ein oder zwei Jahre später folgt der Erziehungsschnitt und alle drei Jahre ein Erhaltungsschnitt.

Allgemeine Regeln

- Damit die Baumkrone Licht und Luft bekommt, schneidet man nach innen wachsende Äste weg. Wenn sich zwei Zweige berühren, entfernt man einen.
- Alle steil nach oben schießenden Triebe müssen entfernt werden.
- Das Beschneiden von Obstbäumen erfordert Fingerspitzengefühl. Man sollte den Wuchs gut beobachten und nur bei Bedarf schneiden: Nicht jeder Baum muss jährlich beschnitten werden.
- Der richtige Zeitpunkt für den Obstbaumschnitt ist das zeitige Frühjahr. Einen Auslichtungsschnitt kann man auch nach der Ernte durchführen. Der Austrieb im nächsten Frühjahr ist dann schwächer.
- Handscheren und Astscheren sind geeignete Werkzeuge für den feineren Obstbaumschnitt. Für stärkere Äste sollte eine Astsäge verwendet werden. Für Bereiche, die auch mit einer Leiter nicht erreicht werden können, gibt es extra Baumscheren mit Teleskopstangen.
- Größere Wunden an den Schnittflächen sollte man mit Baumwachs verschließen. Im Handel gibt es fertige Mischungen aus natürlichen Bestandteilen.

Pflanzschnitt

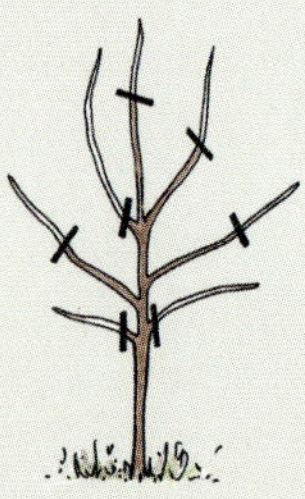

Man legt drei Gerüsttriebe fest, die um etwa ein Drittel eingekürzt werden. Alle anderen Triebe entfernt man. Die Spitze des Stammtriebes kürzt man ebenfalls etwas ein.

Erziehungsschnitt

Steile und nach innen wachsende Triebe entfernt man.

Erhaltungsschnitt

Man schneidet nach unten hängende Äste, zu dicht stehende Jungtriebe und senkrecht nach oben wachsende „Wasserschosse" ab. Außerdem schneidet man gelegentlich die Spitzen von Hauptästen und Hauptstamm bis zu tieferen, jüngeren Trieben zurück.

Beerensträucher

Beerensträucher gehören zu den beliebtesten Gartengehölzen. Sie gedeihen relativ problemlos und versprechen reiche Ernte – wenn man einige Pflegeregeln beachtet.

Himbeeren und Brombeeren §

Himbeeren gedeihen am besten im lichten Schatten, Brombeeren brauchen dagegen etwas mehr Sonne. Beide Beerensträucher benötigen eine Stütze beziehungsweise Rankhilfe. Himbeeren kann man etwa am Zaun anbinden oder man baut ein einfaches Spalier aus zwei Holzpfosten, zwischen die zwei Drahtseile gespannt werden. Durch diese können die Triebe hindurchgezogen werden. Himbeeren müssen nicht beschnitten werden; lediglich die alten Triebe sollte man direkt über dem Boden abschneiden. Für Brombeeren eignet sich ebenfalls der Gartenzaun oder ein stabiles Rankgerüst, an dem die Triebe festgebunden werden können. Pro Pflanze sollten fünf oder sechs der Langtriebe mit ihren Seitentrieben stehen bleiben; der Rest wird entfernt. Die Seitentriebe kann man im Frühjahr vor dem Austrieb auf maximal drei Knospen einkürzen.

Der immergrüne Wacholder eignet sich sehr gut für eine Wildsträucherhecke.

Johannis- und Stachelbeeren §

Johannis- und Stachelbeeren muss man regelmäßig nach der Ernte oder im frühen Herbst beschneiden. Ein Strauch sollte aus etwa acht bis zehn aus dem Boden wachsenden Haupttrieben bestehen; überzählige Triebe kann man entfernen. Auch nach innen wachsende Seitentriebe sollte man wegschneiden. Die Hauptäste der roten und weißen Johannisbeeren sowie der Stachelbeeren müssen nach etwa vier Jahren durch neue Bodentriebe ersetzt werden.

Schwarze Johannisbeeren fruchten überwiegend am einjährigen Holz, müssen also ständig verjüngt werden. Dazu schneidet man nach der Ernte alle abgetragenen Ruten heraus.

Wildsträucher

Viele unserer heimischen Wildsträucher lassen sich im Garten anpflanzen. Ihr ökologischer Wert ist vor allem als Lebensraum für Insekten und Vögel sehr

Die kleinen roten Früchte der Berberitze sind bis in den Winter hinein eine beliebte Vogelnahrung.

hoch. So nutzen viele Singvögel dichte Hecken bildende und Dornen bewehrte Sträucher als Nist- und Unterschlupf, wie zum Beispiel die Gewöhnliche Berberitze *(Berberis vulgaris)*, den Eingriffeligen Weißdorn *(Crataegus monogyna)*, den Zweigriffeligen Weißdorn *(Crataegus laevigata)*, die Hunds- oder Heckenrose *(Rosa canina)* oder den Gemeinen Wacholder *(Juniperus communis)*. Eine Auflistung heimischer Wildsträucher findet sich im Kapitel „Hecken" (siehe S. 22).

Felsenbirne Im Frühjahr schmückt sich die Felsenbirne mit kleinen weißen sternförmigen Blüten, im Sommer erfreut sie mit süßen, heidelbeerartigen Früchten und im Herbst brilliert sie mit einer prächtigen Laubfärbung – also ein ideales Gehölz für den naturnahen Garten. Allerdings sollte man auch hier die einheimische Art bevorzugen, nämlich die Gewöhnliche Felsenbirne *(Amelanchier ovalis)*. Der Strauch wird 1 bis 3 m groß und stellt keine besonderen Standortansprüche.

Die Früchte der Felsenbirne lassen sich zu Marmelade verarbeiten.

Pfaffenhütchen Das Europäische Pfaffenhütchen *(Euonymus europaeus)* wird bis zu 3 m hoch. Der einheimische Strauch trägt rosa-orangefarbene Früchte, die gern von Vögeln gegessen werden, für Menschen aber giftig sind.

Die reifen Früchte des Pfaffenhütchens sind äußerst dekorativ – und begehrt bei Vögeln.

TIPP **Die Beeren der Felsenbirne sind bei Vögeln beliebt; Sie können sie aber auch ernten und zu Marmelade verarbeiten: Die Früchte pürieren, durch ein Sieb streichen, damit die blausäurehaltigen Samen ausgesondert werden, und mit etwas klein geriebenem Apfel (drei Teile Felsenbirne, ein Teil Apfel) und Gelierzucker einkochen.**

Holunder Der Schwarze Holunder *(Sambucus nigra)* ist ein in Mitteleuropa heimischer Strauch, der bis zu 11 m hoch werden kann. Er wird wegen seiner Beeren geschätzt, die vielen Vögeln Nahrung bieten, gern aber auch geerntet und zu Heilmitteln, Lebensmitteln oder Farbstoff verarbeitet werden. Auch die weißen doldigen Blüten sind essbar, und das markhaltige Holz des Holunderstrauches kann zur Inneneinrichtung eines Insektenhotels (siehe S. 41) verwendet werden oder zum Basteln einer kleinen Pfeife.

Pfeife aus Holunderholz

Ein etwa 20 cm langes Stück eines Holunderzweigs aushöhlen, indem man das Mark im Inneren mit einem kleinen spitzen Stöckchen herausschiebt. Dann etwa 2 cm vom oberen Rand entfernt mit einem Messer die Rinde quer zur Wachstumsrichtung bis zum Hohlraum einschneiden, weitere 2 cm abmessen, von dort bis zum Einschnitt die Rinde entfernen und mit schräg gehaltenem Messer immer tiefer schneiden. Nun Schicht für Schicht abtragen, bis ein kleines Loch sichtbar wird. Weiterarbeiten, bis das Loch etwa 4 mm groß ist. Die schräge Schnittfläche muss eben sein! Nun einen marklosen Zweig eines anderen Gehölzes suchen, der genau in den hohlen Holunderzweig passt, ein 2 cm langes Stück davon abschneiden, dieses an einer Längsseite etwa um ein Viertel bis Drittel des Querschnittes abflachen und oben in das Holunderholz schieben.

Es kommt nicht immer auf Anhieb ein Ton – man braucht etwas Geduld und muss das Loch eventuell vergrößern, die Schnittfläche mehr anschrägen oder das Blockstück verschieben.

Schneeballfrüchte werden von Vögeln gern gefressen.

SCHNEEBALL Die flachen Blütendolden des Gewöhnlichen Schneeballs *(Viburnum opulus)* sind schneeweiß und seine Früchte leuchten später feuerrot – der heimische Strauch ist deshalb im Garten über mehrere Monate hinweg eine besondere Zierde. Als Gehölzpflanze im naturnahen Garten ist aber auch der Wollige Schneeball *(Viburnum lantana)* geeignet. Seine Blätter sind filzig behaart und bleiben in milden Klimalagen auch im Winter grün. Der dichte Strauch ist außerdem ein ideales Vogelversteck. Seine erst roten, dann schwarzen Beeren werden wie die Früchte des Gewöhnlichen Schneeballs von vielen Singvögeln gefressen.

Die großen Randblüten des Gewöhnlichen Schneeballs sind steril und dienen nur als optisches Lockmittel für Insekten, die die innen stehenden weniger auffälligen Blüten bestäuben, aus denen sich im Herbst die Früchte bilden.

Hecken als grüne Begrenzungen

Hecken haben im Naturgarten eine ganz besondere Bedeutung. Sie dienen hier nicht nur als Gliederungs- oder Abgrenzungselement, sondern sie bereichern auch die Biotopvielfalt. Vor allem frei wachsende Hecken aus Wildsträuchern sind ein Lebensraum für viele Tiere. Aber auch geschnittene Formhecken sind als durchlässige und lebende Gartenbegrenzung ökologisch wertvoller als Maschendrahtzäune oder Betonmauern. Jede Art von Hecke filtert Staub und Abgase, dämpft Lärm und schafft ein günstiges Kleinklima.

Wildhecken

Eine Wildhecke ist eine frei wachsende, ungeschnittene Hecke und besteht aus vielen verschiedenen Sträuchern. Sie werden in einer Reihe gepflanzt und bilden mit der Zeit einen dichten und meist mehrere Meter breiten „Grüngürtel". Der Platzbedarf ist entsprechend hoch, der Pflegeaufwand aber minimal, da die Sträucher in der Regel nicht beschnitten werden müssen. Alle im Kapitel „Bäume und Sträucher" vorgestellten Wildstraucharten eignen sich für eine frei wachsen-

Frei wachsende Hecken sind eine naturnahe Gartenbegrenzung, brauchen aber relativ viel Platz.

Schutz für Heckenbewohner

Neben einer Hecke sollte ein Saumstreifen mit krautigen Wildpflanzen wachsen, die den Heckenbewohnern zusätzlichen Schutz und Nahrung liefern. Im Herbst darf das Falllaub unter der Hecke ruhig liegen bleiben, es bildet hier eine natürliche Mulchschicht. Diese schützt vor Austrocknung und „Unkraut", gleicht einem natürlichen Dünger und bietet Würmern, Käfern und anderen Kleintieren gute Verstecke. Falls eine Hecke beschnitten werden muss, sollte dies tunlichst nicht in der Vogelbrutzeit von März bis August geschehen.

de Hecke (siehe auch Tabelle auf S. 22). Sowohl aus optischen als auch aus ökologischen Gründen ist dabei eine gute Mischung aus blüten- und fruchttragenden, bedornten und immergrünen Sträuchern empfehlenswert.

BENJES-HECKEN sind nach dem Landschaftsgärtner Hermann Benjes benannte Totholzhecken, die aus einem mindestens 4 m langen und 1 m hohen Wall aus abgelagertem Strauch- und Baumschnittgut bestehen. Alle 1 bis 2 m pflanzt man einen lebenden Strauch dazwischen, zum Beispiel Kornelkirsche, Gewöhnlichen Schneeball oder Schwarzen Holunder. Der so entstehende Wall dient als Windfang für angewehte Samen verschiedenster Wildpflanzen, die sich auf diese Weise ansiedeln. Außerdem bringen auch Vögel, die im Gestrüpp einer Benjes-Hecke Schutz suchen, vielfältige Pflanzensamen ein. Da gleichzeitig der abgelagerte Gehölzschnitt verrottet, wird nach einigen Jahren aus der Totholzhecke ein lebender Grünstreifen.

Schnitthecken

Nicht jeder Garten ist so groß, dass er genügend Platz für eine Wildhecke bietet. Alternativ kann man mit einer Schnitthecke, die zwar nur aus einer einzigen Art besteht, eine dennoch recht naturnahe Gartenbegrenzung schaffen. Besonders dichte Hecken bilden Hainbuchen *(Carpinus betulus)*, Feld-Ahorn *(Acer campestre)* oder Liguster *(Ligustrum vulgare)*.

Auch Eiben *(Taxus baccata)* eignen sich gut für Schnitthecken. Man sollte diese unter Naturschutz stehenden Nadelbäume in jedem Fall den ökologisch weniger bedeutenden Lebensbäumen *(Thuja* spec.) vorziehen.

Vor allem in der Gartenkunst spielt seit vielen Jahrhunderten der Buchsbaum *(Buxus sempervirens)* eine große Rolle. Der immergrüne langsam wachsende Strauch lässt sich sehr gut in Form schneiden; niedrige Buchsbaumhecken wurden traditionell in Bauerngärten zur Abgrenzung einzelner Beete gepflanzt.

Eiben bilden als Schnitthecken blickdichte Gartenbegrenzungen.

PFLANZUNG UND PFLEGE Eine Schnitthecke wird in der Zeit zwischen Herbst und Frühjahr an nicht allzu kalten Tagen gepflanzt. Pro laufenden Meter setzt man drei bis vier Pflanzen. Je nach Art sind ein bis zwei Schnitte pro Jahr nötig. Dabei sollte man auf eine konische, nach oben leicht schmaler werdende Form achten, damit die unteren Heckenbereiche nicht beschattet werden und verkahlen.

Hainbuchenhecken müssen regelmäßig geschnitten werden.

Heimische Heckensträucher

Name	lateinischer Name	Heckenart	Höhe	Blüten	Früchte	Besonderheiten
Berberitze	*Berberis vulgaris*	Wildhecke	1–3 m	gelb, April–Juni	rot, Aug.–Sept.	essbare Früchte
Echter Kreuzdorn	*Rhamnus cathartica*	Wildhecke	1–3 m	unscheinbar grün, Mai–Juni	schwarz, Sept.–Okt.	Abführmittel (Früchte)
Europäische Pfaffenhütchen	*Euonymus europaeus*	Wildhecke	1,50–3 m	grün, Mai–Juni	orange-rosa, Aug.–Okt.	Giftpflanze, Vogelnahrung
Faulbaum	*Frangula alnus*	Wildhecke	1–4 m	weiß, Mai–Juni	schwarz Juli–Okt.	giftige Früchte
Feld-Ahorn	*Acer campestre*	Schnitthecke	bis 12 m	grünl. gelb, Mai	Spaltfrüchte, Aug.–Sept.	wenig anspruchsvoll
Gemeine Eibe	*Taxus baccata*	immergrüne Schnitthecke	bis 15 m	gelb und grün, März–Mai	rot, Sept.–Okt.	Vogelnahrung
Gemeine Felsenbirne	*Amelanchier ovalis*	Wildhecke	1–3 m	weiß, April–Mai	schwarz Juli–Aug.	essbare Früchte
Gemeiner Liguster	*Ligustrum vulgare*	Schnitthecke	1–3 m	weiß, Juni–Juli	schwarz, Aug.–Sept.	Winternahrung für Vögel
Gemeiner Schneeball	*Viburnum opulus*	Wildhecke	1,5–3 m	weiß, Mai–Juni	rot, Aug.–Sept.	Winternahrung für Tiere
Hainbuche	*Carpinus betulus*	Schnitthecke	bis 15 m	männl.: braun-gelb, weibl.: grün, April–Mai	hängende Fruchtstände, Okt.	vertrocknetes Laub bleibt z.T. am Strauch
Haselnuss	*Corylus avellana*	Wildhecke	2–6 m	männl.: grünl. gelb, weibl.: grün, Feb.–März	Nüsse, Aug.–Okt.	essbare Früchte
Hunds-Rose	*Rosa canina*	Wildhecke	1–3 m	hellrosa, Juni	rot, Sept.–Okt.	Hage-buttenfrüchte
Kornelkirsche	*Cornus mas*	Wildhecke	2–5 m	gelb, März–April	rot, Aug.–Sept.	frühe Bienen-nahrung
Purpur-Weide	*Salix purpurea*	Wildhecke	bis 6 m	männl.: rot, bräunl. gelb, weibl.: grün, März–April	Kapselfrüchte	Ruten lassen sich verbauen
Roter Hartriegel	*Cornus sanguinea*	Wildhecke	1–5 m	weiß, Mai–Juni	blauschwarz, Aug.–Sept.	Nahrung für Tiere
Schlehe	*Prunus spinosa*	Wildhecke	1–3 m	weiß, April–Mai	blau, Sept.–Okt.	Brutgehölz, essbare Früchte
Schwarzer Holunder	*Sambucus nigra*	Wildhecke	bis 6 m	weiß, Mai–Juli	schwarz, Aug.–Sept.	Blüten und Früchte essbar
Wacholder	*Juniperus communis*	Wildhecke, immergrüne Schnitthecke	1–5 m	männl.: gelb, weibl.: Zapfen, April–Mai	schwarzblau, Reifung dauert 1–2 Jahre	Gewürzpflanze, Vogelversteck
Weißdorn	*Crataegus* spec.	Wildhecke	2–6 m	weiß, Mai–Juni	rot, Aug.–Sept.	Vogelversteck und -nahrung

Bauen mit Weidenruten

Mit Holz bauen heißt nicht immer nur totes Holz mit Säge, Feile oder Beitel zu bearbeiten; auch lebendes Holz lässt sich verbauen. Die Ruten von Weiden eignen sich dazu besonders gut, denn sie sind im Jugendstadium sehr biegsam und äußerst ausschlagfähig. Deshalb befestigen Ingenieurbiologen mit ihnen Ufer von Fließgewässern oder Hangböschungen. Landschaftsgärtner, aber auch immer mehr Hobbygärtner, bauen aus Weidenruten grüne Gartenlauben, Spielhütten, Indianerzelte, Kriechtunnel oder auch Zäune.

Für den Bau mit Weidenruten eignen sich am besten die ein- bis zweijährigen Triebe aller schmalblättrigen Weidenarten – neben den Ruten der Kopfweiden auch die der strauchig wachsenden Purpur-Weide *(Salix purpurea)*, Lavendel-Weide *(Salix eleagnos)* oder Mandel-Weide *(Salix triandra)*. Nicht verarbeiten lassen sich dagegen die Triebe der Sal-Weide *(Salix caprea)* und der Bruch-Weide *(Salix fragilis)*.

Kopfweiden

Die weichen Äste und Zweige vieler Weidenarten wurden auch früher schon zu Flechtwerken verarbeitet. Man fertigte Körbe aus ihnen, baute Flechtzäune oder verwendete sie zum Fachwerkbau.

Um effektiv Weidenruten anbauen und ernten zu können, wurden die Bäume zu sogenannten Kopfweiden geschnitten. Diese haben einen kurzen, oben verdickten Stamm, aus dem die Ruten wachsen. Heute gibt es Kopfweiden meist nur noch aus Naturschutzgründen – sie sind wegen ihres hohen Totholzanteils Lebensraum für viele Tiere und gehören außerdem vielerorts zum typischen Landschaftsbild. Oft handelt es sich bei den Kopfweiden um Silber-Weiden *(Salix alba)* oder Korb-Weiden *(Salix viminalis)*.

Kopfweiden gelten heute als schützenswerter Bestandteil einer alten Kulturlandschaft.

ERNTE UND LAGERUNG Weidenruten sollten im zeitigen Frühjahr geschnitten und möglichst direkt gesteckt werden. Ist eine Lagerung unvermeidlich, muss man unbedingt darauf achten, dass die Ruten nicht austrocknen. Am besten bündelt man sie, legt sie ins Dunkle und wässert sie regelmäßig.

TIPP **Wenn es in Ihrer Nähe Weiden gibt – meist wachsen sie auf Feuchtwiesen oder an Gewässerufern –, fragen Sie beim zuständigen Gemeindeamt, wer der Grundbesitzer ist und bitten Sie diesen um Erlaubnis, sich Ruten abschneiden zu dürfen. Ansonsten können Sie die Ruten natürlich kaufen; sie kosten dann allerdings 1 bis 2 Euro pro Stück und werden meist nur von Spezialhändlern vertrieben. Es lohnt sich auch, in Forstbaumschulen oder eventuell in Baumärkten und Gartencentern nachzufragen.**

PFLANZUNG Bauten aus Weidenruten sollten an nicht allzu sonnigen Plätzen errichtet werden. Als Erstes markiert man den Grundriss und hebt an diesem entlang einen etwa spatenbreiten Graben aus, dessen Tiefe etwa einem Drittel der Weidenrutenlänge entspricht. In diesen steckt man im Abstand von etwa 20 cm die an den unteren Enden angespitzten, im Durchmesser etwa 3 bis 5 cm dicken Weidenruten. Danach schlämmt man die Stecklinge kräftig ein, schüttet den Graben wieder zu und stampft die Erde ordentlich fest. Abhängig davon was man bauen will, werden die Zweige mit ganz dünnen, elastischen Weidenruten oder mit einer Naturfaserschnur entsprechend zusammengebunden und durch quer eingeflochtene Ruten – die sich nicht begrünen werden – verstärkt.

PFLEGE Besonders in den ersten Wochen nach dem Einpflanzen, aber auch in trockenen Sommern, müssen die Weidenruten regelmäßig gegossen werden. Nachwachsende Zweige können dann vorsichtig umgebogen und in das Bauwerk eingearbeitet werden. Bei starkem Wuchs schneidet man die Äste zurück.

Lebende Bauten

Es gibt wohl kaum eine natürlichere Bauweise als das Flechten mit Weidenruten. Deshalb lohnt es sich, die alte Technik auszuprobieren; eine sich selbst begrünende Gartenlaube oder ein Indianerzelt aus lebenden Wänden passen ganz ausgezeichnet in einen naturnahen Garten.

WEIDENTUNNEL Ein kleiner Kriechtunnel lässt sich sehr einfach bauen, indem man etwa 2 m lange Weidenruten bogenförmig mit beiden Enden in die Erde setzt. Will man einen größeren Tunnel haben, steckt man im Abstand der gewünschten Tunnelbreite sich gegenüberstehende einzelne Ruten in die Erde, die man in einem Bogen zusammenführt, übereinanderlegt und

Mit Weidenruten lassen sich fantasievolle und naturnahe Orte im eigenen Garten schaffen.

Quer eingeflochtene Weidenruten geben den lebenden Bauten Stabilität.

zusammenbindet. Um die Stabilität des Tunnels zu erhöhen, sollten mehrere Reihen von jeweils fünf bis zehn dünnen Ruten quer eingeflochten werden.

Weidentipi ⸙ Wenn man ein spitz zulaufendes Zelt aus Weidenruten bauen will, pflanzt man die Stecklinge im Kreis – unter Auslassung eines Eingangs –, führt sie in der gewünschten Höhe zusammen und verschnürt sie. Zur Stabilisierung sollte man auch hier zwei bis drei Reihen aus fünf bis zehn dünnen Ruten ringsherum quer einflechten.

Weideniglu ⸙ Im Vergleich zum Weidentipi hat der Weideniglu ein gewölbtes Dach. Dieses entsteht, indem man die im Kreis sich gegenüberstehenden Stecklinge in einem Bogen zusammenführt, übereinander legt und dann mit einer Schnur zusammenbindet.

Lebende Zäune

Wo Platz gespart werden muss oder eine unauffällige, an das Ambiente eines Naturgartens nahezu vollständig angepasste Abgrenzung gewünscht ist, sind lebende Zäune aus Weidenruten ideal.

Hierfür eignen sich am besten drei bis vier Jahre alte Triebe der genannten Weidenarten. Sie sind zwar weniger biegsam als jüngere Ruten, dafür aber stabiler. Die Weidenstecklinge werden für einen Zaun im Wesentlichen in der bereits beschriebenen Weise gesetzt.

Einfache Weidenzäune ⸙ Für einfache Weidenzäune steckt man Weidenruten senkrecht in den Boden. Quer verflochtene etwas dünnere und biegsame Ruten stabilisieren den Zaun, der zusätzlich noch mit Holzpfosten gestützt werden kann.

Diagonale Weidenzäune ⸙ Etwas komplizierter sind diagonale Weidenzäune zu bauen. Dabei werden die Ruten schräg, etwa in einem 70°-Winkel in den Boden gesteckt, sodass immer abwechselnd ein Steckling nach rechts und einer nach links weist. Auf diese Art entsteht ein Rautenmuster, das einen mehr oder weniger luftigen Zaun bildet – je nach Größe des Pflanzabstandes. An den Kreuzungspunkten werden die Weidenruten mit einer Naturfaserschnur verbunden. Auch der diagonale Weidenzaun kann mit Holzstützpfosten und einer zusätzlichen Querverstrebung aus Holz abgesichert werden. Zumindest für die ersten Jahre ist dies empfehlenswert; später kann das Gerüst eventuell entfernt werden. Einen schönen Abschluss bilden lange, dünne Ruten, die am oberen Ende des Zaunes waagerecht eingeflochten werden.

Einfacher Weidenzaun

Holz als Lebensraum

Der naturnahe Garten lebt – hier tummeln sich nicht nur Milliarden Mikroorganismen im Boden, hier überwintern unter den Rinden von Gehölzen auch zahllose Insekten; Fledermäuse suchen in hohlen Bäumen Nachtquartiere und Vögel nisten in den Hecken. Dabei spielt Holz eine große Rolle – in erster Linie als natürlicher Lebensraum. Aber der Mensch kann Holz auch als Baustoff verwenden und mit selbst hergestellten Nisthilfen, Winterquartieren oder Futterstellen für noch größere Artenvielfalt im eigenen Garten sorgen.

Biotope im Garten

Auch wenn ein Garten kein natürlich entstandenes Landschaftselement ist, so bildet er dennoch ein naturnahes Biotopgefüge – vor allem wenn man ihn nach ökologischen Gesichtspunkten angelegt und bewirtschaftet. Hier kann man, fast wie in der freien Natur, verschiedenste biologische Vorgänge beobachten: Aus Samen wachsen Pflanzen, aus Kompost bildet sich Erde und aus Raupen werden prächtige Schmetterlinge. Der Garten wird so zu einem wertvollen Lernort und einem Refugium für zahlreiche, manchmal auch seltene Pflanzen- und Tierarten.

Je höher die Artenvielfalt im Garten ist, desto natürlicher funktionieren hier die Ökosysteme. Und das erspart dem Gärtner viel Arbeit und Sorgen: Regenwürmer lockern für ihn den Boden auf. Singvögel fangen Blattläuse, Raupen und Maden, die seinen Nutzpflanzen schädlich werden könnten. Und Bienen bestäuben die Obstblüten.

Der Buntspecht *(Picoides major)* ernährt sich von im Holz lebenden Insekten; sein Nest baut er in Baumhöhlen.

Was ist ein Biotop?

Biotope sind wörtlich genommen „Lebensorte". Der Begriff bezeichnet einheitliche Lebensräume, in denen bestimmte Tier- und Pflanzenarten in einer Biozönose – einer „Lebensgemeinschaft" – leben. Beispiele für Biotope sind Wälder, Seen, Tümpel, Höhlen und Moore. Auch im naturnahen Garten gibt es Biotope wie beispielsweise eine Hecke, eine Wiese oder einen Gartenteich, die vielfältigen Arten Lebensraum und Nahrung bieten.

SÄUGETIERE Nicht selten werden sich in naturnahen Gärten Fledermäuse zeigen, die in der Dämmerung ihren imposanten Nachtflug beginnen und als Insektenfresser eine große Rolle spielen. Auch der Igel ist ein häufiger und vor allem gern gesehener Gartenbesucher (siehe S. 32 f.). Er frisst unter anderem Schnecken und Engerlinge – genauso wie der weniger beliebte, aber nicht minder nützliche Maulwurf. Eichhörnchen und Spitzmäuse lassen sich im Garten beobachten und mit etwas Glück sogar Siebenschläfer. Sie alle suchen Schutz und Quartier in oder unter Bäumen.

TIPP **Gestalten Sie Ihren Garten so, dass er Lebensraum für verschiedene Tiergruppen bietet, zum Beispiel indem Sie heimische Gehölze anpflanzen und artgerecht pflegen oder indem Sie Nist- und Futterstellen aus Holz aufhängen.**

VÖGEL Ein Garten ohne Vogelgezwitscher ist nicht vorstellbar. Singvögel gehören zu den wichtigsten Gartenbewohnern, die vor allem in Gehölzen nisten, schlafen und Nahrung suchen. Viele von ihnen fangen vor allem für ihre Jungen Unmengen Insekten, und manche fressen auch „Unkraut"-Samen. Gleichzeitig können Vögel im Garten aber auch viel Unheil anrichten. Sie zerwühlen Beete, scharren kleine Pflanzen aus oder fressen Früchte, die der Gärtner gern geerntet hätte. Das Auslegen von Schutznetzen oder das Aufstellen althergebrachter Vogelscheuchen ist deshalb manchmal unvermeidbar – auch in einem vogelfreundlichen Garten.

LURCHE UND KRIECHTIERE Ein Gartenteich mit einer dichten und feuchten Uferzone lockt beispielsweise Frösche an. Aber auch Zauneidechsen sonnen sich gern in naturnahen Gärten auf Steinmauern, Hauswänden oder Baumstümpfen.

Der nachtaktive Siebenschläfer *(Glis glis)* schläft tagsüber gern in Baumhöhlen.

INSEKTEN Insekten sind die artenreichste Tiergruppe – entsprechend breit ist auch das Spektrum derer, die im Garten vorkommen. Besonders wichtig sind beispielsweise Marienkäfer und Florfliegen (siehe S. 40), die große Mengen Blattläuse vertilgen, oder Bienen, die unverzichtbare Bestäubungsarbeit leisten. Man kann sie leicht mit aus Holz gefertigten Nisthilfen in den naturnahen Garten locken.

SPINNEN Von vielen gefürchtet, doch äußerst nützlich sind Spinnen. Sie gehören zu den effektivsten Fängern von „Schädlingen" und sollten keinesfalls getötet werden! Auch ihre Netze, die sie oftmals zwischen den Zweigen von Gehölzen spannen, sollten geschützt werden.

MIKROORGANISMEN Die mit Abstand zahlenmäßig größte Tiergruppe im Garten stellen die Bodenlebewesen dar – auch wenn sie eher unauffällig im Untergrund agieren. *„In einem Liter Erde aus einer 15 cm dicken Wiesenbodenschicht leben zum Beispiel 1.551.000.000 einzellige Geißel- und Wimpertierchen, 50.000 Fadenwürmer, 220 Springschwänze, 14 Tausendfüßer, 56 Schnecken und zwei Regenwürmer"* (Kreuter 2004).

Vogelparadiese im Holz

Gehölze im naturnahen Garten – ob Baum oder Strauch – dienen vor allem vielen Vögeln als Nahrungsquelle. Die Samen und Früchte sind besonders nahrhaft – enthalten sie doch all die Nährstoffe, die der junge Pflanzenkeimling bräuchte, um sein Wachstum schnell zu starten. Vogelbeeren, Felsenbirnen oder Pfaffenhütchen sind deswegen sehr beliebt bei vielen Singvögeln. Wer also darauf achtet, in seinem Garten eine vogelfreundliche Auswahl einheimischer Sträucher und Bäume zu pflanzen, schafft so ein Vogelparadies (siehe S. 22).

TIPP **Wenn Sie eine Schnitthecke haben, dann nehmen Sie bei der Pflege Rücksicht auf nistende Vögel. Am besten schneiden Sie die Hecke im zeitigen Frühjahr – bevor die Brutzeit beginnt.**

Auch sichere Nistplätze sind für Vögel wichtig, oft finden sie diese in oder unter Gehölzen. Manche Vögel brüten hoch oben in Bäumen. Andere bauen ihre Nester näher am Boden. Dann sind Eier oder Jungvögel aber besonders gefährdet, weil sie Katzen und Mardern leichte Beute sind. Eine dichte Hecke aus dornigen Sträuchern aus Berberitze, Weiß-, Schleh-, Kreuzdorn und Brombeere bietet diesen Vogelarten guten Schutz.

Die Amsel baut ihr Nest bevorzugt in niedriger Höhe, zum Beispiel in Hecken.

Heckenbrüter

Vogelart	Brutzeit		Nesthöhe
Amsel *(Turdus merula)*	März–Aug.	(2–3 Bruten)	0–3 m
Grünfink *(Carduelis chloris)*	April–Aug.	(2–3 Bruten)	1–3 m
Hänfling *(Acanthis cannabina)*	April–Aug.	(2 Bruten)	1,5–2,5 m
Heckenbraunelle *(Prunella modularis)*	April–Juli	(2 Bruten)	0,2–1,5 m
Mönchsgrasmücke *(Sylvia atricapilla)*	Mai–Juli	(1–2 Bruten)	0–1 m
Singdrossel *(Turdus philomelos)*	April–Juli	(2 Bruten)	0,5–3 m
Zaunkönig *(Troglodytes troglodytes)*	April–Juli	(2 Bruten)	0–1 m
Zilpzalp *(Phylloscopus collybita)*	April–Juli	(1–2 Bruten)	bodennah

Totholz

Jahrzehntelang wurde sowohl in der Forstwirtschaft als auch im Gartenbau totes Holz generell als Abfall behandelt und schnellstmöglich entsorgt. Abgestorbene Äste an Obstbäumen hat man ausgesägt, tote Bäume gefällt, Reisig und kleine Äste geschreddert und vollständig kompostiert oder sogar weggeworfen. Das Ergebnis waren aufgeräumte Wälder und Gärten, aber auch mangelnde Lebensräume für auf Totholz spezialisierte Organismengruppen. Ein gesellschaftliches Umdenken hat dazu geführt, dass der eine oder andere tote Baum – solange er kein Sicherheitsrisiko darstellt – stehen bleiben darf und dass zumindest in naturnahen Gärten Totholzhaufen angelegt werden und so einzigartige Biotope für Pilze, Insekten, Vögel und Säugetiere geschaffen werden.

Was ist Totholz?

Totholz wird als Sammelbegriff für abgestorbene oder absterbende Gehölze verwendet. Man unterscheidet stehendes Totholz, also noch nicht umgefallene abgestorbene Bäume oder abgestorbene Teile von Gehölzen, und liegendes Totholz, das bereits auf dem Erdboden liegt. Da das Totholz Lebensraum für viele zum Teil darauf spezialisierte Tier- und Pflanzenarten ist, spricht man auch von Biotopholz.

Wie Holz verrottet

Bis ein Baum verrottet ist, können bis zu 100 Jahre vergehen. Man kann dabei drei Phasen unterscheiden: die Besiedelungs-, die Zersetzungs- und die Humifizierungsphase. Zuerst dringen in den frisch abgestorbenen Holzkörper Organismen wie Borkenkäfer oder Holzwespen ein. Sie bereiten mit ihren Bohrlöchern das Holz für die Besiede-

Aus totem Holz wird Lebensraum: Hier siedeln Pilze, Insekten, Vögel und Säugetiere.

lung der dann folgenden Pilze auf, die das Holz zersetzen und als Nahrungsquelle weitere Insektenarten anlocken. Zum Schluss bauen Bakterien und Pilze das inzwischen zu „Mulm" zerfallene Holz vollständig ab – es entsteht Kompost.

Anlegen eines Totholzhaufens

Ein guter Ersatz für fehlendes natürliches Totholz im Garten kann ein aus alten Ästen, Zweigen und Laub aufgeschichteter Haufen sein. Er bietet Käfern und Holzwespen Quartier. Auch Spinnen finden hier ein für sie perfektes Habitat. Schließlich freuen sich auch Vögel wie der Zaunkönig oder kleine Säugetiere wie Igel und Mäuse über einen Totholzhaufen.

TIPP ❧ **Nutzen Sie den Winter für die Anlage eines Totholzhaufens. Jetzt werden an frostfreien Tagen die Obstbäume beschnitten und es fällt genug Material an.**

Der Standort für einen Totholzhaufen sollte klug gewählt werden: im Halbschatten und in einer ruhigen Ecke des Gartens – eventuell begrenzt von einer Hecke oder dem Komposthaufen. Hier legt man zunächst Aststücke mit einem Durchmesser von etwa 10 cm auf die Erde und lehnt daran dünnere Zweige und Äste an – wie bei einem Indianerzelt bis zu einer Höhe von 1,20 bis 1,50 m. In die Zwischenräume können Laub oder Sägespäne von unbehandeltem Holz gefüllt werden. Zusätzlich kann man waagerecht in den Haufen die markhaltigen Äste von Holunder oder Brombeeren schieben. Sie werden von innen schnell hohl und sind dann ein beliebtes Winterquartier für Insekten. Da der Totholzhaufen langsam verrottet, wird er sich nach und nach absenken; durch ständiges Anlegen von neuem Holz bleibt sein Volumen trotzdem erhalten.

Ein Totholzhaufen wird aus Zweigen und Ästen errichtet und bietet vielen Tieren ein Habitat.

Igelfreundlicher Garten

Igel – in West- und Mitteleuropa die Braunbrust-Igel *(Erinaceus europaeus)* – sind typische Kulturfolger, die ursprünglich in freier Natur lebten, sich aber an anthropogen veränderte Landschaften angepasst haben und heute fast ausschließlich im menschlichen Siedlungsraum vorkommen. Deshalb gehören die nachtaktiven, überwiegend Insekten fressenden und Winterschlaf haltenden Säugetiere auch zu den häufigen Gartenbesuchern – vorausgesetzt die Gestaltung ist igelfreundlich. Dazu gehört auch ein Totholzhaufen, der dem Igel idealen Unterschlupf bietet.

Durchlässige Zäune ❧ sind für den Igel wichtig, denn sein Revier ist größer als ein einzelner Garten. Auf der Nahrungssuche durchstreift er mehrere Hektar große Gebiete. Deshalb sind weder zu enge Lattenzäune noch Drahtzäune, die bis zum Boden reichen, geeignet. Die igelfreundlichste Gartenbegrenzung sind Hecken.

Richtige Bepflanzung ❧ Igel verstecken sich tagsüber gern im hohen Gras, wo sie auch ausreichend Insekten, Regenwürmer und Schnecken finden, die sie fressen können. Ein kurz geschorener Rasen ist also nicht gerade igelfreundlich; ein Teil des Gartens sollte unbedingt ungemäht bleiben. Für die Igel ist es wichtig, dass einheimische Pflanzen im Garten stehen, da sie eine reichhaltige Insektenfauna garantieren.

WASSERSTELLE EINRICHTEN Ein Gartenteich mit flach auslaufender Uferzone ist für Igel ideal als Trinkstelle. Eine Schale mit frischem Wasser erfüllt diesen Zweck aber auch.

KEINE CHEMIE Chemische Pflanzenschutzmittel haben im naturnahen Garten nichts zu suchen. Ihr Einsatz dezimiert nicht nur vermeintliche Schädlinge, sondern auch die Nahrungsquellen der Igel.

Der Igel ist nicht nur das Maskottchen der Naturgartenaktion, zu der dieses Buch gehört, er steht in Österreich und Deutschland auch unter Naturschutz.

Igelhaus

Ein Igelhaus baut man aus unbehandeltem Kiefern- oder Lärchenholz, das 18 mm stark ist. Die Grundfläche beträgt etwa 30 × 30 cm, die Höhe 30 bis 35 cm. Das schräg aufsitzende Dach sollte durch an der Unterseite angebrachte Leisten abnehmbar sein und mit Dachpappe gegen Witterungseinflüsse geschützt werden (zum Holzschutz siehe S. 73 f.). Die einzelnen Teile werden verschraubt.

UNTERSCHLUPF SCHAFFEN Zur Aufzucht seiner Jungen und für seinen Winterschlaf braucht der Igel ein geschütztes Nest, das er unter Hecken, in Reisig-, Laub- und Komposthaufen, unter Holzstapeln, in Gartenhäuschen, Schuppen, unter Treppen, Steinhaufen und alten Baumwurzeln baut. Ein igelfreundlicher Garten sollte dies ausreichend bieten. Zusätzlich kann man zum Beispiel in einen Totholzhaufen eine Igelbehausung integrieren. Die einfachste Variante besteht aus aufeinandergeschichteten Steinen, die mit einem Holzbrett abgedeckt und mit Stroh gefüllt sind. Die Innenfläche sollte etwa 30 × 30 cm betragen. Man kann aber auch aus Holz ein Igelhaus selbst bauen.

HILFE FÜR SCHWACHE IGEL Im Winter kann es immer wieder passieren, dass man spät geborene Jungtiere findet, die sich zu wenig Fettpolster anfressen konnten, um Winterschlaf zu halten. Sie sind nun auf menschliche Hilfe angewiesen. Doch Vorsicht: Nicht jeder Igel braucht Hilfe! Um dies richtig einschätzen zu können, sollte man sich an Fachleute wenden. Naturschutzverbände können meist Auskunft darüber geben, ob und welche Hilfe ein Igel braucht.

Fledermaus-quartiere

In Mitteleuropa leben etwa 30 Fledermausarten, von denen fast alle auf der Roten Liste der gefährdeten Tierarten stehen. Der Hauptgrund dafür ist die zunehmende Zerstörung des natürlichen Lebensraumes der Fledermäuse. So schlafen, überwintern und brüten sie zum Beispiel gern in Baumhöhlen, die immer seltener werden, weil alte morsche Bäume, die besonders viele Höhlen haben, meist gefällt werden. Deshalb sollten umweltbewusste Gärtner alte Bäume – solange deren Standsicherheit gewährleistet ist – im Garten stehen lassen. Dies ist der erste Schritt zum aktiven Schutz der nachtaktiven fliegenden Säugetiere, die eine große ökologische Bedeutung haben. Sie fressen Insekten; viele davon sind „Schädlinge", die besonders im naturnah bewirtschafteten Garten, in dem keine Insektizide eingesetzt werden, durch Fraßfeinde bekämpft werden müssen.

Zu den in Österreich am häufigsten zu findenden Fledermausarten gehören die Zwergfledermaus *(Pipistrellus pipistrellus)*, der Kleine Abendsegler *(Nyctalus leisleri)* und das Große Mausohr *(Myotis myotis)*.

Ersatz für Baumhöhlen

Wenn in einem Garten nicht genügend Totholz und Baumhöhlen vorhanden sind, können Fledermauskästen aufgehängt werden, in denen die Flugtiere im Sommer tagsüber gern schlafen und manchmal sogar ihre Jungen aufziehen. Als Winterquartiere, die die Fledermäuse von März bis November aufsuchen, dienen die Kästen allerdings eher selten. Wer Fledermäuse in seinem Garten ansiedeln will, muss etwas Geduld haben: Es kann mehrere Jahre dauern, bis Fledermäuse die angebotenen Behausungen entdecken und annehmen.

Aktives Ortungssystem

Wir Menschen orientieren uns im Raum, indem wir überwiegend visuelle Reize verarbeiten. Dabei nutzen wir die von der Sonne ausgesendeten und von Gegenständen reflektierten Lichtwellen. Fledermäuse dagegen orientieren sich mit Schallwellen, die zwar ebenfalls reflektiert werden, die sie aber selbst erzeugen.
Sie nutzen also im Gegensatz zu uns ein aktives Ortungssystem, indem sie niederfrequente Laute ausstoßen und deren Echo aufnehmen. Die Fledermäuse können sich über die Zeitdauer, die das Echo braucht, um zu ihnen zurückzukehren, ein Bild von ihrer Umgebung machen. Je länger ein Echo benötigt, desto weiter ist der Reflektor entfernt. Dabei entspricht ein Zeitabstand von einer Millisekunde etwa einer Objektentfernung von 17 cm.

Fledermauskasten selbst gebaut

Naturschutzverbände bieten häufig fertige Fledermauskästen an. Aber natürlich kann man sie auch selbst bauen. Man verwendet dazu unbehandeltes, sägeraues Kiefern- oder Lärchenholz, das man zum Schutz vor zu schneller Verrottung mit Leinölfirnis bestreichen kann (zum Holzschutz siehe S. 73 f.). Die Größe des Kastens ist letztlich beliebig. Wichtig ist nur, dass der Einflugschlitz eine Breite von 2 bis 2,5 cm hat, denn so können zwar auch größere Fledermausarten den Kasten besiedeln, Vögel aber werden ferngehalten. Durch eine nach oben abnehmende Weite des Kastens findet jede Fledermaus je nach Größe das für sie passende Quartier. Die Innenseite der Rückwand sollte mit einem Schraubenzieher oder Stechbeitel aufgeraut werden, damit die Tiere besseren Halt finden. Da Fledermäuse gegenüber Zugluft empfindlich sind, sollten die Bauteile zusätzlich mit einem ungiftigen Holzleim verklebt werden.

Die Fledermauskästen sollten am besten 3 bis 5 m über dem Boden an einer warmen und windstillen Stelle aufgehängt werden. Pralle Sonne ist ungünstig, und auch zu dichte Baumgruppen oder Gebüsche eignen sich nicht, da die Fledermäuse eine unbehinderte Anflugmöglichkeit brauchen.

TIPP **Ummanteln Sie den Kasten zum Schutz vor Witterungseinflüssen zusätzlich mit Dachpappe und setzen Sie das Dach schräg auf.**

Bau eines Fledermauskastens

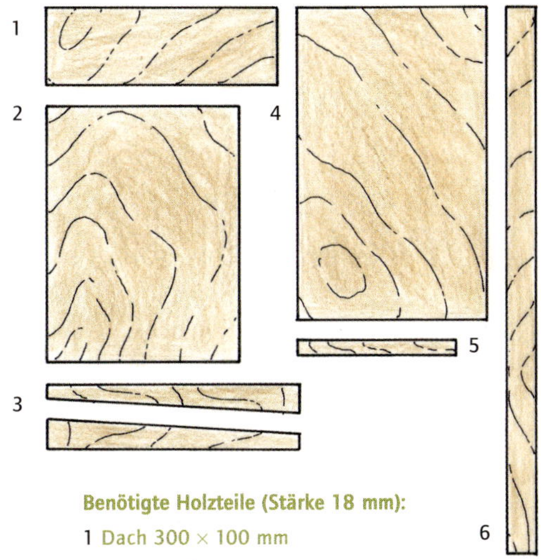

Benötigte Holzteile (Stärke 18 mm):

1 Dach 300 × 100 mm
2 Frontwand 330 × 250 mm
3 zwei Seitenwände 330 × 20 bis 330 × 40 mm
4 Rückwand 400 × 250 mm
5 Schlupfleiste 210 × 20 mm
6 Leiste zum Aufhängen 700 × 40 mm

Montageanleitung

Die einzelnen Teile zusammenschrauben: Zuerst die Rückwand mit zwei Schrauben an der Leiste zum Aufhängen befestigen, dann die Seitenteile mit je zwei Schrauben an der Rückwand befestigen. Die Vorderseite mit der angeschraubten

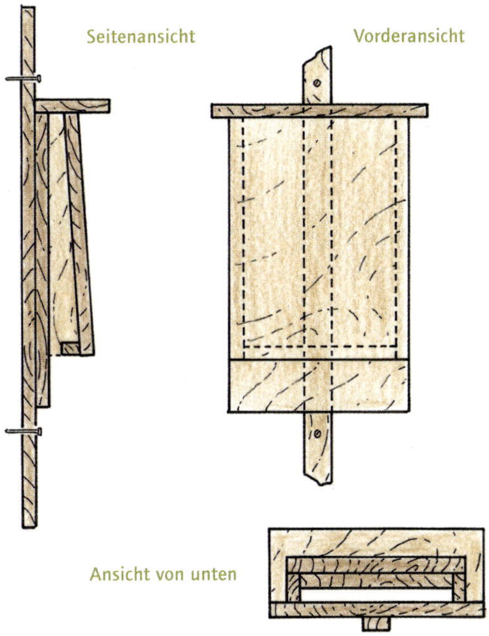

Schlupfleiste daraufsetzen, die Oberkante der Vorderseite mit der Feile nach vorn um wenige Millimeter abschrägen und das Dach aufschrauben.

Nahrung und Brutplätze für Vögel

Amsel, Blaumeise, Buchfink, Zaunkönig und Kleiber – jeder Naturliebhaber kennt sie und weiß, dass es noch viele andere heimische Vogelarten gibt. Ihnen in einem vogelfreundlichen Garten einen Lebensraum zu bieten, ist nicht nur aktiver Naturschutz, sondern auch ein Beitrag zur Umweltbildung, da vielfältige Beobachtungsmöglichkeiten geschaffen werden. Um zahlreiche Vogelarten anzulocken, muss ein Garten abwechslungsreich strukturiert sein und mit einheimischen Bäumen und Sträuchern bepflanzt sein, die Nahrung und Nistplätze bieten.

Blaumeisen *(Parus caeruleus)* brüten in Baumhöhlen, Mauerlöchern und Nistkästen.

Nistkasten aufhängen

Vor allem unter den bevorzugt in Höhlen brütenden Vögeln herrscht in unseren immer ausgeräumteren Landschaften und auf den versiegelten Flächen der wachsenden Städte „Wohnungsnot". So kann man Arten wie Kohl- und Blaumeise, Kleiber, Star, Haus- und Feldsperling, Trauer- und Halsbandschnäpper, Gartenrotschwanz oder sogar dem seltenen Wendehals mit Nistkästen, die in Bäumen oder an Hauswänden aufgehängt werden, helfen. Der ideale Ort für einen Nistkasten liegt 2 bis 3 m über dem Boden, ist möglichst unzugänglich für Katzen und Marder und weder der Wetterseite noch der prallen Sonne ausgesetzt.

TIPP ❧ **Zum Schutz vor Witterungseinflüssen können Sie das Dach mit einem Stück Dachpappe abdecken.**

Für einen Nistkasten benutzt man am besten unbehandeltes, sägeraues Kiefern- oder Lärchenholz, das idealerweise eine Stärke von 18 mm hat (zum Holzschutz siehe S. 73 f.). Es sollte auf den Innenseiten mit einem Schraubenzieher oder Stechbeitel zusätzlich aufgeraut werden, damit die Jungvögel später das Nest leichter verlassen können. Das Schlupfloch wird ausgesägt, indem man entweder ein kleines Loch bohrt und dann mit der Stichsäge weitersägt oder indem man vie-

Für jeden das richtige Loch

Durch unterschiedliche Lochgrößen im Nistkasten kann man beeinflussen, welche Vogelart hier „einzieht".

- Blau-, Tannen- oder Sumpfmeisen: rundes Loch mit einem Durchmesser von 27 mm
- Kohlmeise und Kleiber: rundes Loch von 32 mm Durchmesser
- Trauerschnäpper, Halsbandschnäpper und Sperlinge: rundes Loch mit einem Durchmesser von 36 mm
- Star: rundes Loch mit einem Durchmesser von 45 mm
- Gartenrotschwanz: ovales Loch mit einer Höhe von 45 mm und einer Breite von 30 mm

le kleine Löcher in den vorgezeichneten Kreis bohrt und dann das Stück mit dem Hammer herausschlägt und in Lochform abschleift. Der Nistkasten sollte jeden Herbst gereinigt werden; dazu muss man das Dach abschrauben.

Winterfütterung

Unsere heimischen Vogelarten, die den Winter über hier bleiben, sind an die hiesigen Witterungsbedingungen in der kalten Jahreszeit angepasst. Deshalb ist der Nutzen einer Winterfütterung von Vögeln zumindest aus Artenschutzsicht umstritten. Viele Naturschutzverbände sagen, dass auch ohne Futterhaus und Meisenknödel im Winter kaum ein gesunder Vogel verhungert – vorausgesetzt allerdings, dass natürliche Lebensräume erhalten bleiben.

Im naturnahen Garten heißt das beispielsweise, einheimische Gehölze mit Beerenfrüchten wie Eberesche, Holunder, Hartriegel, Hagebutte, Weißdorn, Schlehe, Pfaffenhütchen, Kornelkirsche oder Felsenbirne anzupflanzen und erst am Ende des Winters zu beschneiden. Auch viele Stauden, Kräuter und Gräser bieten nach dem Blühen Vogelnahrung und sollten im Winter nicht vollständig zurückgeschnitten werden. Eine gute Nahrungsquelle für überwinternde Singvögel liefern zum Beispiel Disteln, Astern und verschiedene Doldenblütler.

Bau eines einfachen Nistkastens

Benötigte Holzteile (Stärke 18 mm):

1 Rückwand 280 × 160 mm
2 zwei Seitenwände 280 × 120 mm
3 Boden 120 × 120 mm
4 Vorderwand 280 × 160 mm
5 Dach 240 × 200 mm
6 Leiste zum Aufhängen 500 × 40 mm

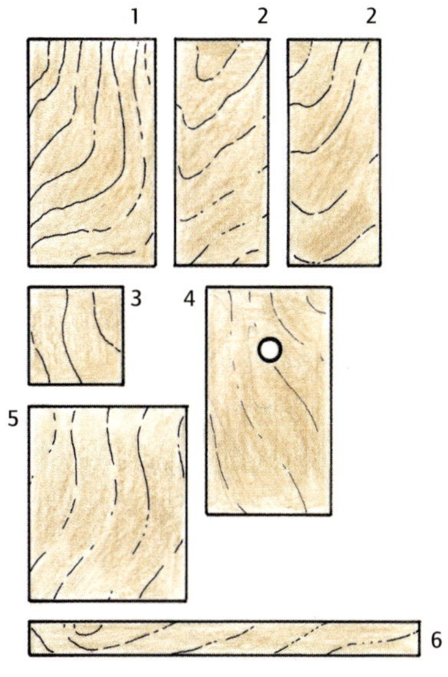

Montageanleitung
Die einzelnen Teile werden zusammengeschraubt: Erst die Rückwand mit zwei Schrauben an die Aufhängungsleiste schrauben, dann die Seitenwände mit je zwei Schrauben auf der Rückwand befestigen, den Boden einsetzen und mit vier Schrauben fixieren und die Vorderwand aufsetzen; mit ebenfalls vier Schrauben befestigen. Zum Schluss das Dach auflegen und mit vier weiteren Schrauben schließen.

Naturfreuden Aber auch aus Naturschutzsicht hat die Winterfütterung von Vögeln ihre Berechtigung, denn sie bietet einmalige Naturerlebnisse, die dazu führen können, dass man neue Erkenntnisse über die natürliche Umwelt gewinnt und einzelne Vogelarten kennenlernt. Das wiederum ist die Voraussetzung für einen verantwortungsbewussten und nachhaltigen Umgang mit den natürlichen Ressourcen der Erde. Und letztlich ist für viele Menschen das muntere Treiben an einem gut besuchten Futterhaus auch eine Quelle von Freude und Erholung.

Tipp **Stellen Sie eine Fett-Körner-Mischung selbst her: Rindertalg beim Metzger besorgen – ein Kilo kostet wenige Euro –, erhitzen und mit Körnern mischen, etwas abkühlen lassen, in Form bringen und vollständig erkalten lassen.**

Richtig füttern Bei der Fütterung müssen einige Regeln beachtet werden: Grundsätzlich sollte man nur bei wirklich kalter Witterung mit Temperaturen unter –5 °C oder bei einer geschlossenen Schneedecke beziehungsweise bei Dauerfrost füttern. Vor November oder nach Februar darf man auf gar keinen Fall zusätzliches Vogelfutter anbieten. Die Futterstelle sollte regelmäßig gesäubert werden, damit sich über den Vogelkot keine Krankheiten ausbreiten. Verdorbenes oder durchnässtes Futter muss regelmäßig entfernt werden.

Körnerfutter besteht aus Sonnenblumenkernen und anderen Sämereien.

Futtervorlieben

Weichfutterfresser

Manche Vogelarten wie Rotkehlchen, Heckenbraunelle, Zaunkönig, Amsel und Star fressen im Sommer bevorzugt Insekten und Weichtiere, aber auch Beeren. Ihre Schnäbel sind an diese Nahrung angepasst, sodass sie auch im Winter auf weiche Nahrung angewiesen sind. Futtermischungen für diese Vögel sollten aus getrockneten Beeren, Rosinen, Haferflocken, gemahlenen oder geschroteten ungesalzenen Nüssen und geschälten Sonnenblumenkernen bestehen.

Körnerfresser

Zur Gruppe der Körnerfresser gehören die Finken und Sperlinge. Ein Kilo ihres Winterfutters sollte 650 g ungeschälte Sonnenblumenkernen, 250 g Hanfsaat und 100 g Haferflocken, gehackte Nüsse und kleinere Sämereien enthalten.

Allesfresser

Meisen, Spechte und Kleiber sind Allesfresser, die tierische und pflanzliche Nahrung zu sich nehmen. Für sie sind Fett-Körner-Mischungen ideal, wie der klassische „Meisenknödel", der sich aus Rindertalg und Körnern auch einfach selbst herstellen lässt.

Für jeden die richtige Futterstelle

Die einzelnen Vogelarten bevorzugen nicht nur verschiedene Futtersorten, sondern unterscheiden sich auch in der präferierten Form der Futteraufnahme. Meisen, Buntspechte und Kleiber besuchen am liebsten hängende, frei schwingende Futterplätze, an denen sie geschickt turnen. Amseln, Sperlinge, Finken und Rotkehlchen kommen gern zu einem fest montierten Futterplatz; manche von ihnen picken ihre Nahrung sogar lieber vom Boden auf als von einer erhöhten Futterstelle. Deshalb ist eine „Futterstation", die mit Vogelhäuschen, hängendem Fettfutter und Futtertisch den verschiedenen Bedürfnissen entspricht, am besten geeignet, um viele Vogelarten in den Garten zu locken.

Futterstation

Aus Rindertalg und Körnern lassen sich Fett-Körner-Mischungen leicht selbst herstellen; man kann sie in eine leere Kokosnuss füllen (1), in Baumrisse schmieren (2) oder in ein Futterholz füllen (3). Aus Kiefern- oder Lärchenholz kann man verschiedenste Futterstellen selbst bauen: Futtertisch (4) und Futterhaus (5).

Nisthilfen und Unterkünfte für Insekten

Viele Insekten sind wertvolle Helfer im naturnahen Garten; sie vertilgen „Schädlinge" und bestäuben Blüten. Unterschlupf suchen die Nützlinge oft im Holz: unter der Rinde von Bäumen oder in abgestorbenen Gehölzteilen.

MARIENKÄFER Der rote Siebenpunkt-Marienkäfer *(Coccinella septempunctata)* mit seinen schwarzen Tupfen ist die bekannteste Art aus der Familie der Marienkäfer. Es gibt aber auch eine Reihe häufiger anderer Arten, die schwarz oder gelb aussehen und mehr oder weniger als sieben Punkte haben. Sehr häufig tritt in den letzten Jahren der Asiatische Marienkäfer *(Harmonia axyridis)* auf, der zunehmend die einheimischen Arten verdrängt. Den meisten gemeinsam ist aber, dass sie Blattläuse fressen und somit der biologischen Bekämpfung von Schädlingen im Garten dienen. Sie überwintern an geschützten Stellen – gern in Baumritzen und unter Rinde.

Florfliegen gehören zu den Nützlingen im naturnahen Garten.

OHRWÜRMER Der Gemeine Ohrwurm *(Forficula auricularia)* und seine Verwandten sind bei vielen Menschen unbeliebt, im naturnahen Garten aber gelten sie als Helfer, denn sie machen sehr effektiv Jagd auf andere Insekten, die Obstbäume schädigen. Gezielt kann man sie einsetzen, indem man mit Holzwolle oder Heu gefüllte Blumentöpfe mit der Öffnung nach unten in die Bäume hängt. Hier halten sich die Ohrwürmer tagsüber gern auf, um dann nachts an Ort und Stelle zu jagen.

FLORFLIEGEN Die Larven der Gemeinen Florfliege *(Chrysoperla carnea)* bezeichnet man im Volksmund auch als Blattlauslöwen – nicht ohne Grund, denn sie verzehren eine große Anzahl der ungeliebten Pflanzenschädlinge. Nach der Verpuppung werden aus den gefräßigen Larven kleine, auch Goldaugen genannte Netzflügler mit großen durchsichtigen Flügeln. Wer die im Garten willkommenen Nützlinge halten will, kann einen Florfliegenkasten als Überwinterungshilfe aufstellen: Das ist ein matt rot-braun angestrichener, quadratischer (30 cm Kantenlänge) und mit (Hafer-)Stroh gefüllter Holzkasten mit schmalen Einflugschlitzen (eventuell in Form von Lamellen) an der Vorder- und Unterseite.

Bienen ❧ Neben der bekanntesten und bei uns meist nur noch in domestizierten Beständen vorkommenden Westlichen Honigbiene *(Apis mellifera)* gibt es noch viele andere Bienenarten – in Österreich insgesamt 670. Sie leben überwiegend solitär und werden als Wildbienen bezeichnet. Diese spielen bei der Befruchtung der Pflanzen eine wichtige Rolle.

Insektenhotels

Viele Insekten – wie die genannten Marienkäfer, Ohrwürmer, Florfliegen und Wildbienen – suchen nachts oder im Winter Unterschlupf in totem Holz. Auch wer seinen Garten naturnah gestaltet und Totholz stehen lassen will, kann nicht immer sofort mit einem abgestorbenen Baum aufwarten – es dauert schließlich Jahre bis Holz stirbt. Als Ersatz kann man für Insekten verschiedene Behausungen selbst bauen. Das kann ein Nistholz sein, das aus einem einfachen Stück Holz besteht, in das man Löcher bohrt, oder ein hohles Stück Baumstamm, in das man Pflanzenstängel, kleine Äste und Stroh steckt.

Die größte Vielfalt an verschiedenen natürlich nachempfundenen Behausungen bietet ein sogenanntes Insekten- oder Nützlingshotel in Form eines mit unterschiedlichen Materialien gefüllten Holzkastens.

Insektenhotels können mit Holz, Stroh, Ton, Lehm oder Pflanzenstängeln gefüllt werden.

Bau eines kleinen Insektenhotels

Benötigte Holzteile aus unbehandeltem Kiefern- oder Lärchenholz (Stärke 18 mm):

- zwei Seitenbretter 420 × 160 mm
- zwei Dreieckkantleisten von 160 mm Länge
- zwei Querbretter 295 × 160 mm
- ein Mittelbrett 260 × 160 mm
- zwei Dachbretter 320 × 180 mm bzw. 300 × 180 mm

Die einzelnen Teile werden verschraubt und das Innere mit folgenden Materialien gefüllt:

- hohle oder markhaltige Stängel von beispielsweise Holunder, Schilf, Brombeere, Rose, Königskerze, Distel oder Sommerflieder
- Totholzstücke mit Fraßspuren (findet man im Wald)
- Hölzer, in die im Abstand von 20 mm Löcher mit einem Durchmesser von 3 bis 10 mm und einer jeweils etwa zehnmal so großen Tiefe gebohrt werden
- Backsteine
- Stroh
- Holzwolle
- Lehm und Ton

Das Insektenhotel sollte an einem wettergeschützten Platz, zum Beispiel einer nach Süden gerichteten Hauswand, aufgestellt oder aufgehängt werden. Zum Schutz vor zu schnellem Verfall kann das Holz mit Leinölfirnis behandelt werden (zum Holzschutz siehe S. 73 f.).

Mit Holz gestalten

Holz ist nicht nur als lebendiger organischer Stoff sehr vielfältig im Garten zu finden, auch bei der Gestaltung von Wegen, Zäunen oder Beeten, von Rankhilfen, Gartenbänken oder Blumenkästen kommt es zum Einsatz – und zeigt dabei als Baustoff viele Vorteile. Das natürliche Material lässt sich leicht bearbeiten und sorgt mit seinen Eigenschaften dafür, dass sich die aus Holz gebauten Elemente harmonisch in das Ambiente eines naturnahen Gartens einfügen. Eine Gartengestaltung mit Holz ist außerdem ökologisch sinnvoll, da es sich um einen nachwachsenden und biologisch vollständig abbaubaren Rohstoff handelt, der tier- und pflanzenfreundlich ist.

Wege und Zäune

Ein Garten ist meist dadurch gekennzeichnet, dass er klar nach außen hin begrenzt ist – in der Regel durch einen Zaun – und dass er im Inneren gegliedert ist – unter anderem durch Gartenwege. Beides lässt sich hervorragend mit Holz gestalten; für Zäune gilt Holz als der älteste und üblichste Baustoff. Aber auch Wege kann man sehr gut und vor allem naturnah mit gehäckseltem Holz oder einem Holzpflaster auslegen.

Holzhäckselweg

Wer ein Häckselgerät zur Verfügung hat, der kann Gehölzschnitt zerkleinern und für den Wegebau verwenden. Auf einem entsprechend eingeebneten, befestigten und sickerfähigen Untergrund legt man das Material in einer bis zu 10 cm dicken Streudecke aus. Alle ein bis zwei Jahre muss der Holzhäcksel nachgefüllt werden, da er sich mit der Zeit zersetzt oder er auch – wenn der Weg keine feste Seitenbegrenzung hat – weggetragen wird.

Schadstofffreier Rindenmulch eignet sich sehr gut als naturnaher Belag für einen unversiegelten Gartenweg.

Alternativ zu selbst hergestelltem Holzhäcksel, kann man auch Holzhackschnitzel verwenden, die als Brennstoff in Biomassekraftwerken eingesetzt werden.

TIPP **Suchen Sie ein mit Holz beheiztes Biomassekraftwerk in Ihrer Nähe und fragen Sie dort, ob Sie eine kleinere Menge Holzhackschnitzel erwerben können.**

Auch Rindenmulch ist als Wegbelag geeignet. Allerdings kann dieser Schadstoffrückstände von Holzschutzmitteln enthalten. Man sollte deshalb darauf achten, dass der Rindenmulch entweder das Österreichische Umweltzeichen oder das RAL-Gütezeichen trägt. Besonders geeignet ist gröberer Mulch ab 40 mm Größe.

Generell haben Wege aus Holzhäcksel oder Rindenmulch viele Vorteile: Das Material ist natürlichen Ursprungs und lässt sich preiswert und einfach beschaffen. Die Wege können flexibel oder sogar provisorisch angelegt werden, wenn man zum Beispiel die Planung des Wegenetzes noch nicht endgültig abgeschlossen hat. Die Wegoberfläche ist unversiegelt und ermöglicht ein dadurch natürliches Versickern des Regenwassers.

Holzpflasterweg

Holzpflaster stellt eine optisch sehr schöne Alternative zu Stein- oder Klinkerpflaster dar und passt sehr gut in naturnahe Gärten, ist allerdings vergleichsweise kurzlebig. Im Handel wird deshalb meist kesseldruckimprägniertes Holzpflaster aus Fichten- oder Kiefernholz angeboten, das witterungsbeständiger ist, aber schädliche Rückstände enthält, die gerade bei der Verwendung als Bodenbelag leicht ins Erdreich eindringen können. Deshalb sollte man auf kesseldruckimprägniertes Holzpflaster verzichten und nach den leider eher selteneren Angeboten von unbehandeltem Douglasien-, Robinien- oder Lärchenholzpflaster suchen. Alle drei Holzarten sind von Natur aus beständiger – dennoch muss man sich ganz besonders beim Einsatz von Holz als Bodenbelag der Vergänglichkeit des Materials bewusst sein und der Tatsche, dass nach einiger Zeit eine Erneuerung ansteht.

Man kann bei Holzpflaster zwischen Rundholz- und Kantholzpflaster unterscheiden. Die Höhe der einzelnen Klötze beträgt in beiden Fällen meist 10 bis 25 cm. Der Durchmesser der Rundhölzer liegt in der Regel bei 10 bis 20 oder 25 cm.

TIPP **Um einen dichteren Fugenschluss und ein optisch ansprechenderes Bild zu erhalten, sollten Sie bei Rundholzpflaster Holzstücke mit unterschiedlichen Durchmessern verwenden.**

Holzpflaster haben leider einen Nachteil: Bei Regen werden sie schnell glitschig; die erhöhte Rutschgefahr sollte beim Betreten der Wege unbedingt beachtet werden. Vorbeugend kann man beim Verlegen eines Holzpflasterweges – wenn möglich – ein leichtes Gefälle einbauen, damit das Wasser besser ablaufen kann.

Verlegen von Holzpflaster

1. Den zu pflasternden Bereich abstecken.
2. Boden ausheben (Höhe des Pflasters plus 10 cm für Splittbett) und Untergrund einebnen.
3. Auf den Untergrund ein Vlies legen.
4. Splitt einfüllen, glätten und mit einer Latte abziehen.
5. Holzpflaster dicht nebeneinander anordnen.
6. Mit einem Hammer das Pflaster festklopfen – aber Vorsicht: niemals direkt auf das Pflaster schlagen, sondern immer ein Holzbrett unterlegen!
7. Fugen mit Bruchsand füllen und auf der Oberfläche zurückgebliebenen Sand einkehren.

Treppen

Immer wieder gibt es auch in Gärten Höhenunterschiede, die man geschickt ausgleichen oder überwinden muss. Eine Treppe ist dabei eine gängige Möglichkeit – und ein altbewährtes Gestaltungselement. Man denke nur an Schloss Sanssouci oder die italienischen Gärten der Renaissance. Wesentlich unaufwendiger werden natürlich Treppen in Hausgärten gestaltet; meist geht es ja auch nur darum, mit ein paar Stufen beispielsweise den Weg von der Terrasse hinunter in den Garten zu erleichtern. Eine zwar nicht auf die Ewigkeit ausgerichtete, dafür aber optisch sehr ansprechende Lösung ist eine Treppe aus dünnen oder halbierten Baumstämmen, die mit kurzen Pflöcken fixiert sind.

Mit einer Treppe aus dünnen Baumstämmen lässt sich ein Gefälle im Garten leicht überwinden.

Die kurzen Holzpflöcke schlägt man in die Erde und verbindet sie mit den Baumstämmen. Die Auftrittsfläche wird mit wasserdurchlässigem Material wie zum Beispiel Schotter gefüllt.

TIPP **Verwenden Sie witterungsbeständiges Holz von Eichen oder Robinien.**

Verschiedene Zauntypen

Zäune dienen nicht nur rein funktional dem Abgrenzen und Einfrieden von Grundstücken, sondern immer mehr auch der individuellen und an die Umgebung angepassten Gestaltung. Entsprechend vielfältig ist das Material, aus dem Zäune gebaut werden; seit Generationen bewährt und weit verbreitet ist dabei der Holzzaun, der ganz besonders in naturnah angelegten Gärten eine nach innen und außen harmonische Abgrenzung bietet.

Bei Holzzäunen kann man drei verschiedene Zauntypen unterscheiden. Vor allem auf Koppeln und Weiden werden oft waagerechte Zäune aus Holz errichtet, bei denen ein oder zwei Bretter horizontal übereinander an Pfosten befestigt werden. Diese einfachen und leicht zu bauenden Begrenzungen können auch in Gärten zum Einsatz kommen – oft lässt man sie hier auch schnell von Sträuchern und hohen Krautpflanzen überwachsen, sodass sie einen eher provisorischen Zweck haben.

TIPP **Achten Sie beim Bau von Zäunen ganz besonders auf konstruktiven Holzschutz: Die Pfosten als tragende Zaunelemente, aber auch die Latten sollten oben abgeschrägt werden, damit Wasser schneller ablaufen kann und nicht zu tief ins Holz eindringt, wo es den natürlichen Verfallsprozess beschleunigt.**

Neben den diagonalen Zäunen – zu denen beispielsweise der klassische Jägerzaun gehört – gibt es noch einen dritten und wohl am weitesten verbreiteten Zauntyp: die senkrechten Zäune, zum Beispiel in Form von Lattenzäunen.

LATTENZÄUNE – auch Staketenzäune genannt – sind recht leicht selbst zu bauen

An Holzzäunen können Kletterpflanzen wunderbar rankend wachsen.

und können in Bezug auf Höhe, Lattenbreite und -abstand, Holzarten und Pfostengestaltung sehr unterschiedlich aussehen. Die tragenden Teile des Lattenzaunes sind die Pfosten – auch Steher genannt –, die aus starken Rund- oder Kanthölzern bestehen. Diese können mit einem Pfostenträger aus Metall im Erdboden verankert werden (siehe S. 76). Wer darauf verzichtet, muss damit rechnen, dass der Zaun schnell morsch wird. Zum Schutz vor zu schneller Verrottung kann man den Bereich der Pfosten, der in der Erde steckt, ankohlen. Zwischen den Pfosten werden Querhölzer fixiert, an die dann die einzelnen Latten geschraubt werden.

Holzzäune passen optisch gut in einen naturnahen Garten.

Chestnut fences

Diese flexiblen Zäune aus dem Holz der Edelkastanie *(Castanea sativa)* haben in England eine lange Tradition und werden seit einigen Jahren auch im deutschsprachigen Raum hergestellt und vertrieben. Das Holz stammt meist aus Südfrankreich und wird dort als Stockholz (aus den Stümpfen gefällter Bäume ausschlagendes Holz) geerntet. Die armdicken Kastanienstöcke werden gespalten und mit verzinktem Draht aneinander befestigt. Der Staketenabstand liegt dabei bei 5 bis 10 cm; auch die Höhe der Zäune variiert. Beim Errichten müssen etwa alle 10 m Pfähle in den Boden gerammt werden, an denen der Kastanienzaun befestigt wird und für die man am besten 10 cm starkes Edelkastanienholz verwendet. Die Endpfähle werden zusätzlich mit einer schrägen Strebe abgestützt, Eckpfähle mit zwei schrägen Streben. Ausgeliefert werden die Zäune als Rollen, weshalb man sie auch Rollzaun nennt. Die *chestnut fences* haben mehrere Vorteile: Das Edelkastanienholz ist von Natur aus sehr witterungsbeständig. Die Zäune sind leicht aufzubauen und zu versetzen – wer also nur vorübergehend seinen Schwimmteich sichern oder einen neu gepflanzten Baum schützen will, dem ist mit einem Kastanienzaun gut gedient. Außerdem kann man mit den beweglichen Staketenzäunen jede Richtungs- oder Höhenänderung des Geländes nachzeichnen. Der Zaun fügt sich damit sehr gut in seine Umgebung ein und bewahrt ein naturnahes Ambiente.

Flechtzäune Das Verflechten und Verweben von weichen Ästen ist eine alte Technik; schon im Mittelalter stellte man auf diese Art Zäune her. „Totes" Flechtwerk wird im Gegensatz zu lebenden Zäunen aus bewurzelten Weidenruten (siehe S. 25) nicht grün, hat aber seinen ganz eigenen Reiz: Der Zaun sieht sehr natürlich aus und behält trotzdem klare Konturen, was bei den schnell austreibenden Weidenzäunen nicht der Fall ist.

Flechtzäune entstehen, indem man alle 80 cm Pfosten aus witterungsresistentem Holz wie zum Beispiel Eichenholz in die Erde rammt. Das untere Ende kann angekohlt werden; ansonsten kann man die Pfosten, wenn sie von unten faul geworden sind, einfach immer weiter in die Erde schlagen.

Zwischen die Pfosten werden dünne biegsame Ruten und Äste von Haselnuss, Hartriegel, Faulbaum oder Weide geflochten. Dabei führt man die Ruten abwechselnd vor und hinter den Pfosten entlang.

Bindetechniken Zum Flechten mit jungen Ästen gehören auch verschiedene zum Teil sehr alte Bindetechniken: die weichen Holzruten sind oft stabiler und haltbarer als Stricke und bieten so eine praktische und schöne Alternative, wenn Holzteile miteinander verbunden werden sollen.

Mit weichen Ästen kann man wie mit einem Strick Zaunteile miteinander verbinden.

TIPP **Entrinden und entasten Sie junge Fichtenzweige, erhitzen Sie diese etwa zehn Minuten von allen Seiten über einem Feuer – ohne dass sie anbrennen! Sie erhöhen dadurch die Biegsamkeit der Äste und sollten sie verarbeiten, solange sie noch warm sind.**

Flechtzäune sehen sehr natürlich aus.

Komposthaufen und Beete

Holz ist auch bei der Gestaltung von Kompostbehältern und Beeten ein gut geeigneter Baustoff. Unauffällig fügt er sich in das Ambiente eines naturnahen Gartens und schafft Umgrenzungen für Komposthaufen, Früh- oder Hochbeete, die wesentlich ästhetischer sind als Gitterroste oder Plastikumrandungen. Dafür muss man allerdings in Kauf nehmen, dass die Lebensdauer von hölzernen Kompostbehältern und Beetumrandungen je nach Holzart nur bei fünf bis zehn Jahren liegt, denn der ständige direkte Kontakt mit der Erde führt zu einer schnelleren Verrottung.

Der Komposthaufen

Das A und O jedes Biogartens ist der Komposthaufen. Hier bildet sich aus Gartenabfällen die Grundlage neuen Lebens. Der Komposthaufen schließt den natürlichen Kreislauf des Zerfallens und Neuentstehens, der sonst in einem bewirtschafteten Garten unterbrochen wäre, denn der Gärtner entzieht dem Ökosystem „Garten" durch die Pflege und Ernte ständig Biomasse. Diese führt er zumindest teilweise zurück, wenn er Abfälle kompostiert und seine Beete regelmäßig mit der so gewonnenen neuen Erde auffüllt. Eine Düngung wird dadurch weitgehend überflüssig, denn das „braune Gold" des Komposts enthält fast alles, was der Garten braucht. Außerdem löst ein Komposthaufen das Problem der Abfallentsorgung – kein Naturgärtner muss Grünschnittabfälle aufwendig und eventuell sogar kostenpflichtig extern entsorgen.

Leben im Kompost Was für den einen Abfall ist, ist für den anderen Nahrung: Eine ganze Reihe verschiedenster Lebensgemeinschaften aus Kleinst- und Kleinlebewesen findet im Komposthaufen ideale Bedingungen, ernährt sich von den Gartenresten – und zersetzt sie so zum wertvollen Endprodukt, dem Kompost. Dieser Prozess läuft in drei Rottephasen ab. Zu Anfang zerlegen Bakterien und Pilze das Rohmaterial; im Inneren des Komposthaufens entwickelt sich dabei eine Temperatur von bis zu 65 °C, bei der Krankheitskeime und Samen von „Unkräutern" vernichtet werden. Beikrautsamenfrei wird ein Komposthaufen im Garten allerdings nie ganz werden.

Danach kommen andere Mikroorganismen wie Pilze ins Spiel, die schwerer abbaubare Stoffe zersetzen. Ganz zum Schluss siedeln sich die Bodentiere an, die man auch mit bloßem Auge sehen kann: Würmer, Asseln, Tausendfüßer und

TIPP **Pflanzen Sie neben den Komposthaufen eine Kürbispflanze, die schnell am Komposter hochrankt, ihn überwächst und die werdende Erde darunter beschattet. Auch Kapuzinerkresse eignet sich hervorragend für die Begrünung des Komposthaufens.**

Schnecken. Sie fressen das angerottete Material, verdauen und vermengen es, sodass der fertige Kompost entsteht.

Der richtige Platz Der Komposthaufen sollte geschützt vor allen extremen Witterungseinflüssen aufgebaut werden, denn sowohl große Hitze als auch Wind oder heftige Nässe hemmen die Bodenorganismen bei ihrer Arbeit. Gleichzeitig kann der Kompost auch aus gestalterischen Gründen etwas versteckt liegen, sodass sich ein von Bäumen und Büschen eingefasster Standort am besten eignet. Man sollte jedoch darauf achten, dass der Komposthaufen gut über einen Weg zu erreichen ist und man ringsherum genügend Platz für die nötigen Arbeiten mit Schaufel und Schubkarre, Kübeln und Körben hat.

Ein Muss für jeden Biogärtner: selbst gemachter Kompost.

Was gehört auf den Kompost?

Gartenabfälle

- Rasen- und Wiesenschnitt (vorher trocknen lassen oder in dünnen Lagen schichten)
- Laub
- Staudenschnitt
- Unkraut (Samen vorher ausschütteln oder tief im Kompost vergraben)
- Obst- und Gemüsereste (zum Beispiel Fallobst oder Kartoffelkraut)
- Blätter und Wurzelreste
- gehäckselter Gehölzschnitt
- verbrauchte Erde aus Blumenkästen

Küchenabfälle

- Gemüseputzreste
- Obstreste (auch Schalen von ungespritzten Bananen und Zitrusfrüchten in kleineren Mengen)
- Eierschalen (zerkleinert)
- Tee- und Kaffeesatz

Haushaltsabfälle

- Papier und Pappe (außer Farb- und Hochglanzpapier)
- Wolle
- Haarreste
- Federn
- Holzwolle
- Sägespäne
- Holzasche
- Papiertücher
- verwelkte Schnittblumen

Für die Kompostierung eher ungeeignet sind gekochte Speisereste (Fleisch, Nudeln, Knochen), da sie – zumindest in größeren Mengen – Ungeziefer anlocken können. Auf gar keinen Fall haben Metalle, Kunststoffe, beschichtetes und farbig bedrucktes Papier, Kleintierstreu, Grillkohlereste, der Inhalt des Staubsaugerbeutels, Farbreste, Öle, Glas und Steine etwas auf dem Komposthaufen zu suchen. Doch sollte dies selbstverständlich sein.

Schicht für Schicht ❧ Ein Komposthaufen muss direkt auf dem lebenden Gartenboden angesetzt werden, denn nur so können die nötigen Mikroorganismen und Bodentiere einwandern. Er wird Schicht für Schicht aufgebaut; man beginnt mit grob gehäckseltem Gehölzmaterial, damit eine gute Durchlüftung und Wasserabfuhr gewährleistet ist. Auf diese Unterlage werden dann die verschiedenen organischen Abfälle möglichst abwechselnd abgelagert. Einer Lage aus frischen krautigen Pflanzenresten oder Küchenabfällen sollte gröberes Material folgen. Zwischendurch kann der Komposthaufen mit einer Lage Gartenerde „aufgefrischt“ werden – sie enthält zum einen Bodenlebewesen und wirkt zum anderen geruchsbindend und fäulnishemmend.

Holzkomposter

In Baumärkten werden fertige Bausätze für einfache Kompostbehälter aus Holzlatten sehr preiswert angeboten. Oftmals sind sie aber aus imprägniertem Holz, auf dessen Einsatz im naturnahen Garten man verzichten sollte. Es kann sich also durchaus lohnen, einen Holzkomposter vollständig selbst zu bauen. Gängig sind ein Grundriss von 1 × 1 m und eine Höhe von etwa 80 cm. Die Konstruktion basiert auf einer Verkämmung (siehe S. 77). Man sollte unbehandeltes Kiefern- oder Lärchenholz, das etwa 2 cm stark ist, verwenden.

Benötigte Holzteile

24 Bretter à 120 cm × 10 cm
4 Bretter à 120 cm × 5 cm

Bauanleitung

In alle 10 cm breiten Bretter oben und unten mit einem etwa 10 cm großen Abstand vom Rand Kerben einsägen und ausstemmen, die etwas breiter als die Brettstärke und 2 cm tief sind. Die 5 cm breiten Bretter nur mit zwei Kerben an jeweils einer Seite versehen. Dann den Kompostbehälter zusammenstecken; mit zwei der schmalen Bretter an zwei gegenüberliegenden Seiten beginnen und quer dazu je ein breites Brett aufstecken. Zum Abschluss dann wieder zwei schmale Bretter verwenden.

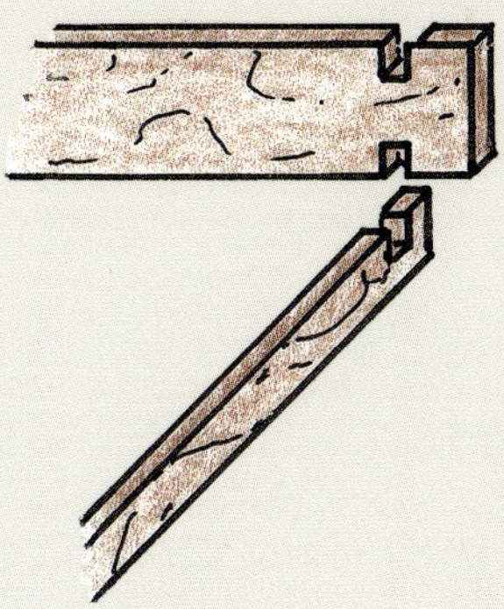

Kompostpflege Etwa fünf Wochen nach dem Aufsetzen beziehungsweise nachdem der Kompostbehälter voll ist, kann der Komposthaufen umgesetzt werden. Dadurch erreicht man eine Mischung der außen abgelagerten Materialien mit den inneren. So wird alles einem optimalen Rotteprozess unterzogen. Am besten stellt man deshalb zwei Kompostbehälter auf.

Verwendung des Komposts Je nach Jahreszeit ist der Kompost nach einigen Monaten fertig. Man unterscheidet dabei frischen Kompost, der noch sichtbare Holz und Pflanzenfaserteile enthält, von reifem Kompost. Frischkompost kann zur Bodenverbesserung auf ruhende (unbepflanzte) Beete oder auf Baumscheiben aufgetragen und nur leicht mit der obersten Bodenschicht vermischt werden (Flächenkompostierung); Reifkompost ist wertvoller Dünger, der bei der Pflanzung von Gehölzen, Gemüse oder Stauden der Gartenerde beigemengt werden kann. Besonders nährstoffbedürftige Pflanzen wie Rosen, aber auch Beerensträucher freuen sich über eine mehrmalige Kompostgabe im Jahr.

Frühbeet

Ungeduldig wartet manch Gärtner auf das Ende des Winters, um endlich wieder säen, pflanzen und ernten zu können. Doch das dauert oft bis in den Frühling hinein. In ein Frühbeet dagegen kann man bereits Anfang März Gemüse und Kräuter säen und entsprechend früher ernten. Das traditionelle Frühbeet besteht aus einem Holzkasten, der mit einer Glasscheibe abgedeckt wird. Im Inneren sorgen Mistpakete für hohe Temperaturen.

Fertige Frühbeete gibt es zu kaufen, allerdings sind sie häufig aus Kunststoff und nur in genormten Größen erhältlich. Will man einen an die natürliche Umgebung des Gartens angepassten Frühbeetkasten, der von der Größe her den individuellen Vorstellungen und dem vorhandenen Platz entspricht, sollte man den Eigenbau bevorzugen.

Bauanleitung Der Kasten sollte nicht breiter als 150 cm sein; seine Rückwand muss etwas höher sein als die Vorderwand, damit die Glasabdeckung schräg aufliegt. Bewährt haben sich Maße von etwa 70 cm Höhe hinten und etwa 50 cm vorn. In jeder Ecke des gedachten Grundrisses wird zunächst ein Kantholz der gewünschten Höhe in die Erde geschlagen. Zum Schutz vor zu schneller Verrottung können Pfostenträger (siehe S. 76) verwendet werden oder man kohlt den unteren Bereich an, der direkten Erdkontakt hat. An diese Pfosten werden nun Bretter geschraubt; die Löcher sollten vorgebohrt werden. Zur Abdeckung eignen sich ausrangierte Fenster oder mit Folie bespannte Holzrahmen.

Tipp **Wenn Sie keinen Pferdemist bekommen, können Sie auch Stroh verwenden, das Sie mit Brennnesseljauche oder einer anderen stickstoffhaltigen Düngerbrühe übergießen.**

Aufstellen und Befüllen Das Frühbeet sollte an einem sonnigen Standort stehen und so aufgestellt werden, dass die Glasabdeckung sich nach Süden neigt. Der Boden im Frühbeetkasten wird bereits im Herbst 40 bis 60 cm tief ausgehoben und mit Laub und Gartenabfällen gefüllt. Diese Schicht kann man im Februar – trotz eventuell gefrorenem Boden – leicht wieder entfernen und anstelle dessen Pferdemist einfüllen, der gut festgetreten und mit einer Schicht Gartenerde bedeckt wird. Bei geschlossenen Fenstern heizt der Mist nun ordentlich ein und erwärmt die darüberliegende Erde. Nach etwa zwei Wochen kann man lüften und aussäen.

Ein Frühbeet eignet sich auch zur Anzucht von Setzlingen, die erst nach den Eisheiligen ins Freiland kommen, wie Tomaten, Gurken oder Zucchini. Im Winter kann im Frühbeetkasten Gemüse zur Lagerung eingeschlagen oder Wintersalat angebaut werden.

Hochbeet

Das Hochbeet ist eine Abwandlung des Hügelbeetes, das Gärtner seit Generationen anlegen, um bessere Anbaubedingungen für Gemüse zu schaffen. Prinzip und Aufbau gleichen sich, doch beim Hochbeet fallen im Gegensatz zum Hügelbeet die Seiten nicht schräg nach unten ab, sondern senkrecht. Außerdem sind sie mit einer festen Umrandung – in der Regel aus Holz – gesichert.

Das Hochbeet ermöglicht zum einen eine entspannte Arbeitshaltung, die vor allem von älteren Menschen geschätzt wird. Zum anderen erwärmt sich der Boden im Hochbeet wegen der isolierenden Seitenwände und der Rottevorgänge im Inneren, die darüber hinaus auch für ein verbessertes Nährstoffangebot sorgen. Auf einem Hochbeet kann der Gärtner also früher im Jahr und meist auch reicher ernten als auf einem Flachbeet.

Hochbeete speichern Wärme.

Bauen und Befüllen Da ein Hochbeetkasten aus Holz durch den großflächigen Kontakt mit der Erde besonders verrottungsanfällig ist, sollte man möglichst beständiges Holz wie beispielsweise Lärchenholz verwenden. Das Hochbeet darf nicht breiter als 150 cm sein und sollte etwa 50 bis 70 cm hoch sein. Wie beim Frühbeet arbeitet man am besten mit vier Eckpfosten, an die die Wandbretter geschraubt werden (siehe S. 52).

Vor dem Befüllen des Hochbeetes werden 25 cm Erde ausgehoben, dann werden nacheinander Holzstücke und Äste, etwas Mutterboden, Grassoden (oder alternativ Grasschnitt, Stroh und Gartenabfälle), Laub, grober Frischkompost und zum Schluss mit Reifkompost vermischte Gartenerde aufgeschichtet.

Hochbeete trocknen schneller aus als Flachbeete und müssen deshalb vor allem im Sommer ausreichend gegossen werden. Vorbeugend kann man an den Rand rankende Pflanzen wie Kapuzinerkresse säen, die nach unten wachsend den Seitenwänden Schatten spenden und vor zu starker Austrocknung schützen.

TIPP **Legen Sie den Boden des Hochbeetes mit einem engmaschigen Drahtgeflecht aus, um Wühlmäuse und andere Nagetiere abzuhalten.**

Bepflanzen Im ersten Jahr sollte man vor allem Starkzehrer wie Kohl, Gurken, Kartoffeln, Lauch, Sellerie, Zucchini und Kürbis im Hochbeet anbauen. Salate, Spinat, Rote Beete, Rettich und Chinakohl sollten erst im zweiten Jahr folgen.

Generell sollte man im Hochbeet auf eine sinnvolle Mischkultur achten. Verschiedene Gemüse- und Kräuterarten werden dabei so kombiniert, dass sie sich oberirdisch nicht behindern, indem sie sich beispielsweise mit Blättern oder Früchten gegenseitig überwuchern. Aber auch unterirdisch bei der Nährstoffaufnahme über die Wurzel sollten nebeneinander wachsende Pflanzen nicht konkurrieren.

Rank- und Pflanzhilfen

Ob Clematis, Glyzinie oder Glockenrebe – die meisten Kletterpflanzen brauchen eine Rankhilfe, an der sie schlingen und klimmen können. Das kann ein mehr oder weniger aufwendig konstruiertes Holzgerüst in Form eines Spaliers sein, eine einfache Rankpyramide aus Weidenruten oder sogar nur ein benachbarter Baum. Auch viele nicht rankende Stauden und Gemüsepflanzen brauchen im Garten eine Stütze, da sonst Blütenpracht und Früchtesegen sie niederdrücken. So eignen sich einfache Pflanzstäbe aus Holz besonders im naturnahen Garten, um beispielsweise Tomaten aufzubinden.

Ein Raukgerüst aus Holz bietet Pflanzen Halt.

Spaliere

Spaliere sind verschiedene Arten von Rankgerüsten – vor allem für Wein oder Obstbäume, aber auch für Zierpflanzen. Sie sind meist aus Metall oder aus Holz; es gibt sie frei stehend und an Mauern oder Häusern befestigt.

Frei stehende Spaliere ❧ bestehen in der Regel aus einem Holzrahmen, der entweder mit einem Metallgitter oder mit Drahtseilen bespannt sein kann oder an dem ein Gitter aus Holzlatten befestigt ist. Frei stehende Spaliere können sehr gut als Sichtschutz eingesetzt werden; kleinere Rankgerüste dienen in Blumenbeeten als Kletterhilfe für einjährige Pflanzen wie zum Beispiel Kapuzinerkresse.

Kapuzinerkresse

Die Große Kapuzinerkresse *(Tropaeolum majus)* stammt aus Südamerika und ist eine orange und gelb blühende Rankpflanze. Sie ist frostempfindlich und muss deshalb jedes Jahr neu ausgesät werden; die Blattstiele wachsen lang und können an Rankgerüsten entlang geführt werden und diese begrünen.

Spalierobst

Auch wenn manchem die strenge Form von Spalierobstbäumen gezwungen erscheint und wenig naturnah, ist diese Obstkultur doch sehr traditionsreich und deshalb erhaltenswert. Außerdem hat sie einige Vorteile. Vor allem in kleinen Gärten, wo nicht genug Platz für große Obstbäume ist, können Spalierobstbäume eine gute Alternative sein. Selbst auf Balkonen und Terrassen wird mit einem Spalier eine eigene Obsternte möglich.

Das Spalier kann man – egal ob frei stehend oder an einer Hauswand befestigt – bewusst gestaltend einsetzen; meist ist es aus Holz, manchmal auch aus Metall. Spaliere an Wänden schaffen ein für den Obstbau günstiges Mikroklima, da hier Wärme gespeichert und an die unmittelbare Umgebung abgegeben wird. Idealerweise sind sie nach Süden ausgerichtet.

Besonders eignen sich als Spalierobst Birnen, Pfirsiche und Aprikosen. Grundsätzlich kann man aber jeden Obstbaum auf Spalier trimmen; man sollte jedoch darauf achten, dass die Seitenäste beim jungen Bäumchen paarig am Leittrieb entspringen. Es gibt auch junge in der Baumschule vorgezogene Bäume zu kaufen, die bereits eine Spalierform haben.

Das Fächerspalier ist die einfachste und am natürlichsten wirkende Spalierform. Ohne festgelegtes geometrisches Muster werden dabei Seitenzweige an ein Gerüst gebunden und durch regelmäßigen Schnitt ausgelichtet. Das Spaliergerüst sollte aus Eichen-, Lärchen- oder Robinienholz gebaut werden und stabil genug sein, um auch das Gewicht von Blattwerk und Früchten tragen zu können. Der Abstand zur Wand sollte deshalb eher klein sein. Allerdings muss eine Luftzirkulation möglich sein.

Spaliere an Hauswänden Kletterpflanzen können eintönige Mauerwerke oder Gebäudefassaden in grüne Oasen verwandeln. Sie brauchen dazu jedoch in der Regel Rankgerüste, die möglichst stabil am Gemäuer befestigt sind. Traditionell sind das einfache Holzgitter, die mit geringem Abstand an der Wand befestigt sind. Wein oder Kiwipflanzen, aber auch Kletterhortensien wachsen sehr schön am Spalier.

Rosenbogen

Ein Klassiker unter den Rankgerüsten ist der Rosenbogen, der sich prächtig über Gartentore spannt oder als Gliederungselement im Garten einen Weg leitet und neue Ausblicke eröffnet. Fertige Rosenbögen gibt es aus Holz oder Metall zu kaufen. Wer handwerklich etwas begabt ist, kann aber auch relativ leicht einen Rosenbogen selbst bauen – auch wenn man dabei der Einfachheit halber auf den geschwungenen Abschluss verzichtet und eine eckige Konstruktion vorzieht. Sowohl die Kanthölzer des Gerüsts als auch die Sprossen sollten aus witterungsbeständigem Lärchenholz bestehen. Die Größe des Rosenbogens ist individuell wählbar.

Rosenbögen lassen sich aus Holz selbst bauen.

Rosenbogen

Benötigte Holzteile:
4 längere Rahmenhölzer (etwa 60 × 60 mm stark)
2 kürzere Rahmenhölzer (etwa 60 × 60 mm stark)
4 schräge Stützhölzer (etwa 60 × 60 mm stark)
etwa 18 Sprossen (etwa 40 × 30 mm stark)
Montageanleitung:
Alle Löcher vorbohren und Teile miteinander verschrauben.

Natürliche Rankhilfen

In einem naturnahen Garten können Kletterpflanzen natürlich auch sich selbst überlassen werden; schnell werden sie sich natürliche Stützen und Rankhilfen suchen, zum Beispiel Bäume oder Hecken. Um aus dem Wildwuchs aber keinen undurchdringlichen Dschungel werden zu lassen, sollte man dies steuern und zueinanderpassende Pflanzen kombinieren. Eine Clematis kann durchaus einen am Gartenrand stehenden Nadelbaum verschönern. Genauso kann man Kletterrosen in alten Obstbäumen, die nicht mehr viele Früchte tragen, ranken lassen.

Bevor einjährige Schlingpflanzen wie Edelwicken, Ballonwein, Prunkwinde oder Schwarzäugige Susanne ganze Staudenbeete überwuchern, sollte man ihnen kleine frei stehende Rankgerüste anbieten. Besonders schön im naturnahen Garten sind solche aus möglichst natürlichem Material wie Weidenruten oder einfache Holzstöcke, die man wie ein Zelt aneinanderlehnt und zusammenbindet.

Ramblerrosen

Im Gegensatz zu herkömmlichen Kletterrosen mit starren Zweigen haben die sogenannten Ramblerrosen weiche Triebe, die bis zu 10 m hoch wachsen können. Auch wenn es sich hierbei um Züchtungen handelt und nicht um Wildformen, denen man im naturnahen Garten den Vorzug geben sollte, bestechen sie doch durch eine Reihe von Vorteilen. So kann man sie ohne weitere Pflege sich selbst überlassen und in kürzester Zeit schmücken sie als reich blühende Schlingpflanzen Gerüste, Hauswände, Mauern – oder lebende Bäume. Auf der Suche nach Sonnenlicht schlängelt sich die Rose hier durch die Baumkrone und hängt üppig blühend aus dieser herunter. Beim Pflanzen einer Ramblerrose an einen Baum muss man einen Abstand von 1 m einhalten, die Triebe an einem starken Seil festbinden und die dem Wind zugewandte Seite wählen, damit die Rose nicht vom Baum weggeweht wird und abreißt. Sehr schöne und weit verbreitete Sorten sind zum Beispiel die weiß blühende 'Bobbie James' oder die rosa blühende 'New Dawn'.

Pflanzhilfen für Gemüse

Rankende Gemüsepflanzen wie Gurken, Erbsen und Stangenbohnen, aber auch Tomaten brauchen zum Wachsen verschiedene Stützhilfen und manchmal auch Schutz vor der Witterung. Gemüserankgitter, Bohnenstange und Tomatendach sind hierbei nützliche Hilfsmittel im Garten, die sich aus Holz leicht herstellen lassen.

GURKEN wachsen rankend mit großen, grünen, rau behaarten Blättern und haben gelbe, trichterförmige Blüten, aus denen sich die grünen Früchte entwickeln. Sie sind zwar relativ kälteresistent, aber frostempfindlich – erst nach den Eisheiligen dürfen sie ins Freiland. Als Starkzehrer brauchen sie dort ein mit reichlich Kompost und organischem Dünger vorbereitetes Beet, das man immer gleichmäßig feucht halten muss. Ein Rankgerüst für Gurken kann etwa 150 cm hoch sein. Am einfachsten spannt man zwischen zwei Holzpfosten ein Maschendrahtgeflecht, an dem die Gurken sehr gut Halt finden.

ERBSEN stammen ursprünglich aus Kleinasien und werden heute weltweit angebaut – verbreitet ist die Unterart *Pisum sativum* subsp. *sativum*, von der es viele Varietäten gibt. Die Wichtigsten sind: Acker-Erbsen, die als Viehfutter verwendet werden, Pal-Erbsen, deren Früchte man trocknet und dann kocht, Mark-Erbsen, die meist zu Konserven verarbeitet oder tief gefroren werden, und Zucker-Erbsen, die als ganze Schote verzehrt werden können. Im Gemüsegarten lassen sich Pal-, Mark- und Zucker-Erbsen sehr gut anbauen. Es gibt neu gezüchtete niedrige Sorten, die keine Kletterhilfe benötigen, viele Sorten aber suchen mit ihren verzweigten Blattranken nach Halt und brauchen ein etwa 1 m hohes Gerüst. Die einfachste Methode besteht darin, Reisig – sogenannte Erbsenreiser, die traditionell von Buchen stammen – in die Erde zu stecken und die Erbsen daran ranken zu lassen. Aber auch ein frei stehendes Spalier (siehe S. 54) eignet sich sehr gut. Erbsen können je nach Klimalage im März oder April ausgesät werden. Sie brauchen ledig-

Gurken *(Cucumis sativa)* haben in den Blattachseln feine unverzweigte Ranken.

TIPP **Auch Kürbispflanzen können Sie am Rankgitter ziehen – Sie sparen so Platz, da Kürbisse in der Fläche sehr viel Raum einnehmen. Besonders gut eignen sich die aus Japan stammenden Hokkaidokürbisse, die im Gegensatz zu den Garten- oder Riesenkürbissen kleinere Früchte haben, die auch von einem Rankgerüst gehalten werden können.**

Frische Erbsen aus dem Garten sind ein Genuss.

lich ein mit Kompost vorbereitetes Beet und keinen zusätzlichen Dünger.

BOHNEN ❧ Man unterscheidet die nicht rankenden Buschbohnen von den rankenden Stangenbohnen, die bis zu 4 m hoch wachsen und eine Kletterhilfe benötigen. Am besten eignen sich dafür lange Stangen, die etwa 40 cm tief in die Erde gesteckt werden. Ideale Bohnenstangen sind junge Fichtenstämme mit einem Durchmesser von etwa 5 cm. Man kann sie einzeln setzen oder zeltbeziehungsweise pyramidenförmig zu dritt oder viert und dann oben zusammenbinden. Ebenfalls bewährt haben sich zwei Reihen schräger Bohnenstangen, die sich oben überkreuzen und mit einer quer liegenden Stange stabilisiert werden. Pro Stange sät man ab Mitte Mai sechs bis acht Samen in 3 cm tiefe Rillen. Den Boden bereitet man mit Kompost vor.

TOMATEN ❧ Die Azteken nannten sie Tumatl, der Österreicher sagt Paradeiser, andere Südeuropäer gaben ihnen den Namen Liebesapfel und wissenschaftlich heißen sie *Solanum lycopersicum* – so vielfältig wie die Namen sind auch die Sorten der aus Südamerika stammenden

Typisch Bauerngarten: Junge Fichtenstämme dienen als Bohnenstangen.

Bohnenvielfalt

Statt grüner Bohnen kann man auch eine Sorte mit optisch sehr interessant gefärbten Schoten wählen: Die 'Berner Landfrauen' sind lila gesprenkelt, 'Neckargold' hat gelbe Schoten und die 'Blauhilde' violette, die beim Kochen allerdings wieder grün werden.

Tomaten. Von Grün über Gelb, Orange und Rot bis zu Lila variieren die Farben der Früchte; manche sind auch mehrfarbig gestreift oder marmoriert. Tomaten können klein wie Kirschen sein, aber auch Durchmesser von 10 cm haben. Sie gehören wie Kartoffeln, Auberginen und Paprika oder auch die Tollkirsche zu den Nachtschattengewächsen, sind sehr aromatisch und enthalten viele wichtige Vitamine und andere Nährstoffe.

Tomaten gedeihen am besten, wenn es warm und sonnig ist – erfahrungsgemäß brauchen die einjährigen Pflanzen keinen Standortwechsel, sondern fühlen sich Jahr für Jahr am selben Platz am wohlsten. Wenn Pflanzen von der Braunfäule befallen werden ist ein neuer Standort aber zu empfehlen. Die vorgezogenen Pflanzen können ab Mitte Mai nach draußen auf ein mit Kompost und Naturdünger vorbereitetes Beet gepflanzt werden. Dabei sollte man unbedingt beachten, dass die Pflanzen auch später nicht zu dicht stehen. Seitentriebe müssen regelmäßig entfernt werden. Eine Mulchschicht schützt vor zu schnellem Austrocknen und ein Tomaten-

Tomaten sind sehr aromatisch und gesund.

Bau eines Tomatendaches

Benötigtes Material:

- Dachlatten
- Holzpfosten
- Schrauben
- durchsichtige Plastikfolie
- Holztacker

dach vor der weit verbreiteten Braunfäule. Tomaten benötigen außerdem eine Stütze; man sollte sie rechtzeitig an Holzstöcken festbinden.

Bauanleitung:

Aus den Dachlatten einen Rahmen bauen (Eckblattverbindungen, siehe S. 77). Plastikfolie darüberlegen, am Rand umschlagen, fest spannen und mit Holztacker befestigen. Dach auf den 30 bis 40 cm tief in den Boden gerammten Pfosten festschrauben.

Braunfäule

Die Braun- oder Krautfäule ist eine gefürchtete Tomatenkrankheit. Sie wird von einem Pilz *(Phytophthora infestans)* hervorgerufen und bewirkt ein rapides Bräunen und Verwelken der Blätter und der Tomatenfrüchte kurz vor der Reife. Die Pilzsporen werden vom Wind verbreitet; hohe Luftfeuchtigkeit bei Temperaturen zwischen 13 und 18 °C begünstigen die Infektion – vor allem aber fühlt der Pilz sich auf nassen Blättern wohl. Vor allem in kühlen und feuchten Sommern ist es deshalb wichtig, die Tomaten nicht von oben zu gießen und vor Regen zu schützen.

Terrassen und Sitzplätze

Holz verwendet man traditionell als Bodenbelag zum Beispiel bei Anlegestegen. Dieser klassische Einsatz von Holzbohlen ist bis heute eher funktional, immer mehr aber hält er auch Einzug in die Gartengestaltung. Ob ein Gewässer in der Nähe ist oder nicht – ein Holzdeck bietet den idealen Untergrund für Terrassen und Sitzplätze im Freien. Durch das natürliche Baumaterial Holz kann man einen sanften Übergang vom Haus zum Garten schaffen.

Terrasse selber bauen

Der Untergrund für eine Terrasse sollte aus einer 15 bis 20 cm dicken, gut verdichteten Splittschicht bestehen. Zwischen Untergrund und Splittschicht kann man ein Vlies auslegen. Der Unterbau aus zum Beispiel 40 × 60 mm starken Kanthölzern lagert auf Gehwegplatten aus Beton und wird mit Metallwinkeln darauf fixiert. Die Terrassendielen, die wie die Konstruktionshölzer aus witterungsbeständigem Holz – zum Beispiel Lärche oder Douglasie – sein sollten, legt man mit geringem Abstand zueinander quer auf die Kanthölzer und verschraubt sie mit diesen. Bei einem Abstand zwischen den Kanthölzern von etwa 50 cm reicht bei den Dielenbrettern eine Stärke von etwa 25 mm.

Sitzplatz mit Aussicht – und schönem Holzboden

Pergola

Die Pergola stammt aus südlichen Ländern und ist auch hierzulande beliebt. Mit ihr schafft man im naturnahen Garten einen ganz besonderen Ort zwischen drinnen und draußen, der Pflanzen eine Rankhilfe bietet und dem Gärtner Erholung. Eine sehr gängige Pergolakonstruktion besteht aus vier Stützen, die an den Längsseiten mit aufliegenden Querhölzern verbunden sind. Auf diesen Pfetten werden quer zur Längsseite die Auflagehölzer (Sparren) befestigt. Für eine Pergola sollte man unbedingt sehr witterungsbeständiges Holz von Eichen oder Robinien verwenden. Zur Begrünung eignen sich sehr gut Wein oder Glyzinien.

Fertige Holzroste sind eine weniger aufwendige Alternative für einen Holzboden im Garten. Die quadratischen oder rechteckigen Fliesen haben meist eine Seitenlänge zwischen 50 bis 100 cm; es gibt sie aus verschiedenen Holzarten. Empfehlenswert ist Lärchen- oder Douglasienholz, aber auch Thermoholz (siehe S. 71). Die Holzroste können wie Terrassendielen auf eine Unterkonstruktion geschraubt werden. Wenn der Untergrund befestigt ist, kann man die Fliesen auch direkt verlegen. Sie werden dann entweder in einem Holzrahmen fixiert oder man benutzt sie mit einem Stecksystem, das ein Verbinden der einzelnen Holzfliesen ermöglicht.

TIPP **Sie können für Ihren Terrassenboden das zwar nicht ganz preiswerte, aber wegen seiner Haltbarkeit durchaus empfehlenswerte Thermoholz verwenden. Spezialhändler und einzelne Sägewerke bieten verschiedene Holzarten an: von Kiefer über Buche bis zu Esche oder Birke. Laubhölzer sind für Terrassen dabei am besten geeignet – vor allem Buchenholz, das aber auch etwas teurer ist.**

Holzdeck unter einem Baum

Ein Holzdeck unter einem Baum kann schnell zum Lieblingsplatz werden – und ist leicht selbst gebaut. Am besten eignet sich Lärchenholz.
Benötigtes Material für eine Fläche von etwa 220 cm × 150 cm:

- 8 Gehwegplatten aus Beton
- 2 Bretter 26 × 200 cm (Stärke etwa 45 mm)
- 4 Bretter 26 × 150 cm (Stärke etwa 45 mm)
- 10 Bretter 10 × 200 cm (Stärke mindestens 25 mm)
- 5 Bretter 10 × 80 cm (Stärke mindestens 25 mm)

Bauanleitung:
Aus den ersten sechs Brettern ein Untergerüst bauen, indem die Bretter bis zur Hälfte ihrer Breite eingekerbt und ineinandergesteckt werden (Verkämmung, siehe S. 77). Unter die Kreuzungspunkte je eine Gehwegplatte legen. Nun die restlichen 15 Bretter mit Schrauben auf dem Unterbau fixieren – dabei eine Öffnung für den Baum aussparen.

Garteninventar aus Holz

Auch Holztische, -stühle und -bänke für den Garten können selbst geschreinert werden, jedoch gehört dazu ein gewisses handwerkliches Geschick. Deshalb kauft man Gartenmöbel aus Holz meist fertig – es sei denn, man wünscht eine individuelle Gestaltung zum Beispiel bei einer Baumbank. Dasselbe gilt auch für andere Gartengegenstände; ob Blumenkästen oder Sandkiste – mit Holz lässt sich eine an die eigenen Bedürfnisse angepasste Gestaltung realisieren.

Für Genießer: Rundbank unter einem Schatten spendenden Baum.

TIPP **Vorsicht bei fertigen Gartenmöbeln – sie sind oft aus Tropenholz hergestellt, weil dieses sehr witterungsbeständig ist. Aus ökologischen Gründen sollten Sie darauf verzichten. Vom langen Transportweg abgesehen, stammt das Holz oft aus illegalem Raubbau – auch wenn es anders deklariert ist. Suchen Sie nach heimischen Alternativen wie Eiche oder Robinie, die auch sehr haltbar sind und leisten Sie damit einen praktischen Beitrag zum Schutz der tropischen regenwälder.**

Baumbank

Eine klassische Baumbank ist vier-, sechs- oder sogar achteckig – mit oder ohne Lehne – und schafft einen ruhigen und schattigen Zufluchtsort. Vor dem Bau muss man sorgfältig planen und vor allem den Stammumfang und die Wachstumsgeschwindigkeit des Baumes berücksichtigen. Die Sitzfläche sollte etwa 50 cm hoch und 40 cm tief sein. Innen am Stamm muss sie mindestens 40 cm breit sein. Man verwendet am besten Lärchen- oder Robinienholz für den Bau einer Baumbank.

Sechseckige Baumbank

Bei einer sechseckigen Bank müssen die Latten für die Sitzfläche an den Enden von einem Winkel von 90° auf einen Winkel von 60° reduziert werden.

Blumen- und Pflanzkästen

Pflanzbehälter jeglicher Art sind im naturnahen Garten nur sehr eingeschränkt sinnvoll, denn hier gedeihen alle Pflanzen am besten direkt in der Erde – wo die Wurzeln genügend Platz haben, wo es genügend Nährstoffe und meist auch ausreichend Feuchtigkeit gibt. Blumen- und Pflanzkästen dagegen sind wesentlich pflegeaufwendiger; man muss sie im Sommer oft gießen und die Erde muss jährlich erneuert werden. Deshalb sollte man nur Pflanzen, die zum Überwintern in geschlossene Räume geholt werden müssen, in Pflanzbehälter setzen. Allerdings spielen Blumen- und Pflanzkästen natürlich bei der Begrünung von Terrassen und Balkonen eine wichtige Rolle.

Unabhängig von der Größe kann man einen Blumen- oder Pflanzkasten sehr leicht aus Holz selbst bauen. Das einfachste Prinzip entspricht der beschriebenen Bauweise eines Frühbeetes (siehe S. 52): Man benötigt vier Kanthölzer für die Ecken, an welche die Seitenwände aus Holzbrettern geschraubt werden. Zuletzt befestigt man von unten einen Boden mit Abflusslöchern und schmale Holzleisten, damit der Bodenkontakt möglichst kleinflächig ist. Am besten verwendet man Lärchen- oder Robinienholz. Im Handel angebotene Pflanzbehälter aus Kiefern- oder Fichtenholz sind innen oft mit einer Schutzfolie ausgekleidet. Dies vermindert aber die Luftzirkulation und ist nicht empfehlenswert.

TIPP **Schrauben Sie unter die selbst gebaute Pflanzkiste Rollen. So vermeiden Sie zum einen direkten Bodenkontakt und schützen das Holz vor zu schneller Verrottung. Zum anderen lässt sich die Kiste so leichter verschieben, was vor allem von Vorteil ist, wenn die Pflanzen zum Überwintern ins Haus gebracht werden müssen.**

Selbst gebaute Holzblumenkästen können Balkone, Terrassen und Fensterbänke zieren.

Ein selbst gebautes Klangspiel kann optisch und akustisch sehr wirkungsvoll sein.

Kunst und Dekoration im Garten

Vor allem in der Volkskunst war und ist Holz ein weit verbreitetes Material, das überall verfügbar ist und sich leicht bearbeiten lässt. Auch im Garten findet man oft Schnitzarbeiten, Holzskulpturen oder Wind- und Klangspiele aus Holz und Metall. Sie können einen sehr schönen Akzent setzen und dem Garten ein besonderes persönliches Flair geben.

Wind- und Klangspiele bereichern sowohl akustisch als auch optisch einen Garten. So kann das sanfte metallene Klingen der aneinanderschlagenden Rohre eines Windspieles sehr entspannend sein und die sich drehenden Flügel einer kleinen selbst geschnitzten Windmühle werden vor allem Kinder erfreuen.

Das Angebot an verschiedenen Größen und Formen von Klang- und Windspielen ist vielfältig, leicht kann man sich aber auch zum Beispiel ein schönes Klangspiel selber bauen. Die dafür nötigen Klangstäbe gibt es in Bastelläden. Sie haben am oberen Ende Löcher und lassen sich so mit Bindfäden an einer Aufhängevorrichtung befestigen. Sehr schlicht und naturbelassen wird das Klangspiel, wenn man zum Aufhängen nur ein einfaches Stück Holz nimmt, das man im eigenen Garten oder im Wald gefunden hat und in welches man Löcher bohrt. Man kann aber auch aus einem dünnen Holzbrett verschiedene Motive aussägen – zum Beispiel einen Mond oder einen Stern – und die Klangstäbe daran befestigen. Federn, Muscheln oder Holzperlen können eine zusätzliche Zierde sein. Befestigt man die Klangstäbe an der Unterseite einer runden Holzscheibe, sodass sie im Kreis hängen, sollte man in der Mitte eine Art Klöppel befestigen. Das kann zum Beispiel ein Strick mit einem Stück Holz sein, das vom Wind zusätzlich bewegt wird und gegen die Klangstäbe schlägt.

Natürliche Holzkunst Wunderschöne Kunstwerke schafft die Natur selbst – besonders dekorativ sind zum Beispiel alte Wurzeln, die im Steingarten, im Staudenbeet, auf der Terrasse oder am Gartenteich sehr gut zur Wirkung kommen können.

Auch Äste und Stücke von Baumstämmen, die vielleicht eine besondere Wuchsform oder eine schöne Farbe haben, können einen Garten verschönern.

Wer mit offenen Augen spazieren geht, wird im Wald schnell viele „Kunstwerke" finden, die mit nach Hause zu nehmen sich lohnt. Besonders vorteilhaft ist, dass man Schönes mit Nützlichem verbindet: Das tote Holz ist schließlich auch Lebensraum für zahlreiche kleine Lebewesen. Hier nisten und überwintern zum Beispiel Insekten.

Sehr dekorativ – und als Totholz ökologisch sinnvoll – können im Garten große alte Wurzeln sein.

Spielgeräte

Spielgeräte aus Holz sind nicht nur in Gärten weit verbreitet – auch auf öffentlichen Spielplätzen findet man Kletterlandschaften, Seilbahnkonstruktionen und Spielhäuschen aus Holz, die optisch sehr natürlich wirken und vor allem benutzerfreundlich sind.

Wer seinen Nachwuchs im eigenen Garten mit einem Sandkasten oder einer Schaukel beglücken möchte, kauft am einfachsten einen fertigen Holzbausatz. Preiswerter und individueller gestaltet sind aber selbst gebaute Spielgeräte aus Holz. Allerdings muss man hierbei ganz besonders alle relevanten Sicherheitsaspekte berücksichtigen. Die selbst gebauten Geräte müssen stabil sein, Schrauben und andere Verbindungselemente dürfen nicht hervorstehen. Auch der Standort will bedacht gewählt sein. Ein Sandkasten steht idealerweise nicht in der prallen Sonne und eine Schaukel braucht genügend Platz.

Ein Kinderparadies mit Sandkasten und angrenzender Hütte zum Spielen.

SANDKASTEN Um einen Sandkasten zu bauen, steckt man zunächst ein geeignetes Areal in der gewünschten Größe ab. Dann hebt man eine Grube von etwa 50 cm Tiefe aus, die etwa zur Hälfte mit Kies gefüllt wird, damit Regenwasser gut versickern kann. Für die Umrandung kann man entweder einfache Fichtenstämme oder Holzpfähle verwenden, die quer übereinandergelegt und mit Kerben verkeilt werden. Diese einfachen Varianten sind schnell realisierbar. Etwas aufwendiger ist es, Holzbretter entweder ebenfalls mit Kerben ineinanderzustecken oder an Eckpfosten zu schrauben. Da man auf der schmalen Brettkante nicht sitzen kann, empfiehlt es sich, zumindest an zwei Seiten je ein Brett als Auflage zu befestigen. Wenn die Umrandung fertig ist, kann der Sand eingefüllt werden.

TIPP **Wenn Sie den Sandkasten nicht als Dauereinrichtung im Garten haben wollen, lohnt sich das Ausheben der Grube nicht. Sie können stattdessen eine wasserdurchlässige Textilmatte direkt auf den Boden legen und dann den Sand einfüllen.**

SCHAUKEL Ein Schaukelgerüst selbst zu bauen, ist nicht unbedingt empfehlenswert, da es fest im Boden verankert sein muss und – je nach Gewicht der Kinder – hohe Stabilität erfordert. Wer aber alte Bäume im Garten hat, der kann alternativ zu den im Handel angebotenen, oft etwas klobigen Gerüsten die Schaukel einfach mit starken Seilen an einen Ast binden.

Der richtige Sand

Spielsand darf weder zu grob- noch zu feinkörnig sein, weil sich sonst aus ihm keine Burgen, Tunnel oder Sandkuchen formen lassen. Die optimale Körnung von Spielsand liegt bei ungefähr 0,5 bis 1,5 mm. Am besten eignet sich Sand mit einem leichten Feinlehmanteil. Ganz wichtig ist, dass der Spielsand schadstofffrei ist.

Holz als Werkstoff

Die Verarbeitung von Holz hat ihre Tradition im Schreiner- und Zimmermannshandwerk. Über Jahrhunderte haben sich hier Techniken zur Holzgewinnung, zur Lagerung, Bearbeitung und zum Schutz von Holz entwickelt und bewährt, auf die auch Heimwerker oft zurückgreifen. Gleichzeitig bietet heute der Fachhandel immer mehr verschiedene Hölzer und moderne Möglichkeiten zu deren Verarbeitung an. Dadurch wird der Einsatz von Holz gerade im Außenbereich vereinfacht, aber man muss sorgfältig prüfen, welche Hölzer und welche Verarbeitungsmethoden im naturnahen Garten unbedenklich sind.

Vom Baum zum Holz

Fast die Hälfte der Landesfläche von Österreich ist bewaldet. Holz ist hier der wichtigste heimische Rohstoff, und der Pro-Kopf-Verbrauch der Österreicher liegt über dem europäischen Durchschnitt. Entsprechend hoch ist die Bedeutung der Forst- und Holzwirtschaft, und entsprechend viel und gern wird Holz auch im Haus- und Gartenbereich verarbeitet.

TIPP **Suchen Sie sorgfältig aus, wo Sie Ihr Holz kaufen – viele Baumärkte bieten nur eine geringe Auswahl an empfehlenswerten Hölzern für den naturnahen Garten. Es lohnt sich, bei Spezial- und Großhändlern oder auch direkt bei den Sägewerken nachzufragen.**

In den Wäldern und Forsten geerntetes Holz wird in Sägewerken weiterverarbeitet, bevor es als Baustoff eingesetzt werden kann. Man unterscheidet dabei Vollholz, Brettschichtholz oder Holzwerkstoffe wie Sperrholz oder Spanplatten. Im naturnahen Garten sollte nur Vollholz eingesetzt werden, da die anderen Produkte Bindemittel mit gesundheitsschädlichen Bestandteilen enthalten können. Vollholz ist zum einen als Schnittholz erhältlich, das einen rechteckigen Querschnitt hat und durch Sägen parallel zur Stammachse hergestellt wird. Dazu gehören alle Bretter, Balken, Bohlen, Kanthölzer und Latten. Sie werden sägerau oder gehobelt angeboten. Zum anderen gibt es Vollholz auch in Form von jungen entasteten und entrindeten Baumstämmen als sogenanntes Rundholz. Es wird meist als Pfosten beim Zaunbau, für Pergolen, Spielgeräte, Treppen und so weiter verwendet.

Holzauswahl

Bei der Auswahl des Holzes spielen seine Bearbeitbarkeit und seine Haltbarkeit eine Rolle. Aber auch die Struktur und die Farbe, die das Aussehen von Holz bestimmen, sind wichtig. Da jedes Holz unter Witterungseinfluss sein Aussehen ändert, muss man bei der Holzwahl unter ästhetischem Gesichtspunkt von der nach einigen Jahren zu erwartenden Farbe ausgehen. Außerdem sollten ökologische Aspekte bei der Holzwahl eine Rolle spielen; Tropenhölzer beispielsweise scheiden trotz ihrer hohen Witterungsresistenz für den Einsatz im naturnahen Garten aus, da sie einen langen Transportweg hinter sich haben und oft aus illegalem Raubbau stammen.

Generell eignen sich für den Einsatz im Garten:

- Kiefern- und Fichtenholz, wenn man einen schnellen Zerfall in Kauf nehmen kann
- Lärchen-, Douglasien- und Robinienholz für dauerhaftere Bauwerke
- Kastanien- oder Eichenholz beispielsweise für Zäune oder Treppen

Haltbarkeit von Holz ❁ Der Einsatz von Holz im Außenbereich ist nicht immer unproblematisch, da Holz als organisches Material einem natürlichen Verfallsprozess unterliegt, der durch Feuchtigkeit beschleunigt wird. Allerdings gibt es bei der Dauerhaftigkeit der einzelnen Hölzer große Unterschiede. Generell sind Kern- und Reifholz dauerhafter als Splintholz, und Hartholz ist haltbarer als Weichholz. Es gibt außerdem Baumarten, die eine hohe Eigenresistenz gegenüber holzzerstörenden Organismen haben, zum Beispiel Robinien, Eichen oder Lärchen.

Douglasienholz ❁ Douglasien *(Pseudotsuga menziesii)* stammen ursprünglich aus Nordamerika, werden inzwischen aber auch in Europa angepflanzt. Der Nadelbaum wächst schnell, wird im Schnitt 60 m hoch und hat wenige Äste. Douglasienholz gilt als Weichholz, ist aber härter als Kiefern- oder Fichtenholz. Es lässt sich leicht bearbeiten und ist gleichzeitig relativ zerfallsresistent – vergleichbar mit Lärchenholz. Im Garten wird es häufig für Bodenbeläge verwendet.

Eichenholz ❁ Es gibt vier bei uns heimische Eichen – wobei die Stieleiche *(Quercus robur)* und die Traubeneiche *(Quercus petraea)* – ein gerbsäurehaltiges Hartholz liefern. Dieses ist auch im Freien relativ lange haltbar, dafür aber schwerer zu bearbeiten als zum Beispiel Kiefern- oder Lärchenholz. Eichenholz ist relativ teuer und verfärbt sich beim Kontakt mit feuchten Eisenteilen bläulich. Im Garten wird es meist für den Bau von Zäunen, Treppen, Spalieren, Pergolen oder Bänken benutzt.

Douglasienholz

Eichenholz

Eigenresistenz gegenüber holzzerstörenden Insekten und Pilzen

Resistenzklasse	Dauerhaftigkeit	Holzarten
1	sehr dauerhaft	Tropenhölzer
1 bis 2		Robinie (Kernholz)
2	dauerhaft	Eiche, Edelkastanie
3	mäßig dauerhaft	Europäische Lärche, Douglasie
3 bis 4		Kiefer
4	wenig dauerhaft	Fichte, Tanne
5	nicht dauerhaft	Buche, Birke, Erle, Pappel, Esche, Platane, Rosskastanie

FICHTENHOLZ ⊛ Die Fichte *(Picea abies)* ist sowohl in den Wäldern Deutschlands als auch in Österreich die häufigste Baumart. Der immergrüne Nadelbaum gehört zu den Kieferngewächsen, hat eine schuppige, rotbraune Rinde, 1 bis 2 cm lange, spitze, manchmal sogar stechende Nadeln und bis 20 Zentimeter lange Zapfen. Fichten wachsen schnell und bilden ein sehr helles, leicht verrottendes Weichholz, das man leicht bearbeiten kann. Fichtenholz ist nur eingeschränkt für den Einsatz im Außenbereich geeignet. Man sollte sich nur bei kleineren, leicht zu ersetzenden Bauten für Fichtenholz entscheiden und konstruktiven oder auch biologischen Holzschutz leisten.

Fichtenholz

KIEFERNHOLZ ⊛ Die Gemeine Kiefer *(Pinus sylvestris)* ist ein schnellwüchsiger 15 bis 40 m hoher Baum, der in Österreich die dritthäufigste Baumart ist, in Deutschland sogar die zweithäufigste. Er kann einen Stammdurchmesser von bis zu 100 cm und ein Alter von bis zu 600 Jahren erreichen. Die Nadeln sind 4 bis 7 cm lang und bläulich bis graugrün, die Zapfen sind kleiner als die der Fichte. Kiefern bilden ein Weichholz, das sich leicht bearbeiten lässt und wenig resistent gegen Fäulnis ist, allerdings haltbarer als Fichtenholz. Dennoch sollte es im Freien nur mit konstruktivem oder auch biologischem Holzschutz und nur bei kurzlebigen Bauprojekten eingesetzt werden.

Kiefernholz

LÄRCHENHOLZ ⊛ Lärchen sind sommergrüne Nadelbäume, die etwa 40 m hoch werden und zu den Kieferngewächse gehören. Die Nadeln sind hellgrün mit einer eher stumpfen Spitze. Es gibt etwa 15 verschiedene Lärchenarten. Das Holz hat einen hohen Anteil an Harz und Gerbstoffen, was es sehr witterungsbeständig macht. Da es als Halbhartholz auch relativ gut zu bearbeiten ist, gehört es zu den im Garten am besten einzusetzenden Hölzern. Allerdings verarbeitet die Holzwirtschaft neben der Europäischen Lärche *(Larix decidua)* auch die Sibirische Lärche *(Larix sibirica)*, die man aus ökologischen Gründen nicht nutzen sollte (siehe S. 72).

Lärchenholz

Robinienholz ✿ Die aus Nordamerika stammende Robinie *(Robinia pseudoacacia)* ist auch in Europa weit verbreitet. Der sommergrüne Laubbaum hat eine lockere, oft doppelt ausgebildete Krone, gefiederte 15 bis 30 cm lange Blätter und stark duftende weiße Blüten. Die Früchte sind flache rotbraune Hülsen. Robinien wachsen schnell und können etwa 25 m hoch werden. Das Holz der Robinie ist hart und schwindet wenig. Es ist gut bearbeitbar und noch witterungsbeständiger als Eichenholz. Das Kernholz erreicht fast die Haltbarkeit von Tropenholz! Robinienholz eignet sich sehr gut für Pfosten und Zäune oder als Bodenbelag im Garten, ist aber relativ teuer.

Robinienholz

Holzwahl aus ökologischer Sicht

Empfehlenswert

FSC-zertifiziertes Holz: Seit 1983 zertifiziert der *Forest Stewardship Council* (FSC) Holz aus nachhaltiger, sozialverträglicher und umweltbewusster Forstwirtschaft. Die international tätige, gemeinnützige Organisation wird von Umweltorganisationen wie dem WWF oder Greenpeace unterstützt, die das FSC-Siegel neben dem Naturlandsiegel als einzig verlässliche Zertifizierung einstufen. PEFC-Siegel oder andere Zertifikate unterliegen weniger strengen Richtlinien und sind deshalb aus ökologischer Sicht nur eingeschränkt empfehlenswert.

Thermoholz: Setzt man Holz sehr hohen Temperaturen von etwa 200 °C aus, dann verändern sich die zellulären Strukturen, sodass es zu einer erhöhten Resistenz gegen holzzerstörende Organismen kommt. Diese Hochtemperaturbehandlung wird seit einigen Jahren von einzelnen Herstellern vorgenommen und das so entstehende Thermoholz mit wachsendem Anteil auf dem Holzmarkt angeboten.
Es ist aus ökologischer Sicht empfehlenswert und stellt eine gute Alternative zu Tropenholz oder chemisch behandelten Hölzern dar – allerdings nur, wenn das Ausgangsmaterial heimischer Herkunft und/oder FSC-zertifiziert ist.

Europäische Lärche: Um sichergehen zu können, dass das angebotene Lärchenholz nicht aus sibirischem Raubbau stammt, sollte nur Lärchenholz mit FSC-Siegel beziehungsweise aus gesichert heimischer Herkunft gekauft werden.

Eiche: Da Eichenholz oft aus der Ukraine, Estland und Tschechien importiert wird, wo der Holzeinschlag unter Umständen die letzten Urwälder Osteuropas zerstört, sollte auch bei Eichenholz nur heimische und/oder FSC-zertifizierte Ware gekauft werden.

Kiefer: Kiefernholz ist aus ökologischer Sicht unbedenklich – auch hier, wenn möglich, FSC-zertifiziertes Holz kaufen! ►

Fortsetzung von S. 71

Eingeschränkt empfehlenswerte Hölzer

Fichte: Fichten werden häufig in ökologisch verarmten Monokulturen angepflanzt. Man sollte deshalb nur Holz aus nachhaltiger Forstwirtschaft verwenden.

Douglasie *(Pseudotsuga menziesii)*: Aus Nordamerika importiertes Douglasienholz hat einen langen Transportweg hinter sich und könnte aus Urwaldgebieten Westkanadas stammen. Das Holz aus europäischen Aufforstungen ist generell unproblematisch, allerdings sollte der Douglasienanbau in Europa nicht gefördert werden, da die nichteinheimische Art für eine naturnahe Bewirtschaftung der heimischen Forste nicht geeignet ist.

Robinie *(Robinia pseudoacacia)*: Robinienholz wird vor allem aus Ungarn, Rumänien und der Slowakei importiert und stammt aus Wirtschaftswäldern, was seinen Einsatz unbedenklich macht. Ein entscheidender Vorteil ist die Haltbarkeit: Robinienholz bietet einen guten Ersatz für Tropenholz. Allerdings ist die Pflanzung der gebietsfremden Art, oft sogar in Monokultur, ökologisch problematisch.

Nicht empfehlenswert

Imprägniertes Holz: Baumärkte und auch viele Holzhändler bieten häufig tauch- oder auch kesseldruckimprägnierte Hölzer für den Außenbereich an. In einem speziellen Verfahren wird dabei das Holz entweder in eine Holzschutzlösung getaucht oder unter Vakuum mit Holzschutzsalzen behandelt. In beiden Fällen handelt es sich um Chemikalien, die in den geltenden Verordnungen als unbedenklich eingestuft werden. Aber gerade Holz, das im Garten verbaut wird, ist ständigem Witterungseinfluss und oft auch direktem Bodenkontakt ausgesetzt, was zu einer Emission der Chemikalien führt. Im naturnahen Garten ist dies nicht erwünscht, sodass man die handelsüblichen imprägnierten Hölzer nicht einsetzen sollte.

Sibirische Lärche *(Larix sibirica)*: Häufig stammt das im Handel angebotene Lärchenholz von Sibirischen Lärchen, deren Einschlag oft zu massiver Urwaldzerstörung und Gefährdung vieler Tierarten führt. Man sollte sich deshalb nicht vom niedrigeren Preis des sibirischen Lärchenholzes verführen lassen und unbedingt das Holz der heimischen Lärche bevorzugen.

Rotzeder *(Thuja plicata)*: Im Handel wird das Holz der Rotzeder unter dem Namen *Western Red Cedar* geführt. Es kommt aus Urwäldern in Alaska oder Kanada und ist wegen der großflächigen Zerstörung einzigartiger Lebensräume, die sein Einschlag verursacht, und wegen des langen Transportweges aus ökologischer Sicht nicht empfehlenswert.

Tropenholz: Vor allem das Holz von Teak *(Tectona grandis)* und Bangkirai *(Shorea laevis)*, aber auch andere Tropenhölzer werden wegen ihrer hohen Verfallsresistenz oft im Außenbereich verbaut. Gegen einen Einsatz im naturnahen Garten spricht ihre verheerende Ökobilanz: Zum einen haben die Hölzer lange Transportwege hinter sich, wenn sie in unseren heimischen Baumärkten angekommen sind, zum anderen stammen sie häufig aus Urwäldern und werden illegal geschlagen. Wer trotzdem Tropenholz einsetzen möchte, sollte nur FSC-zertifiziertes Holz kaufen und die Echtheit des Zertifikats prüfen (siehe S. 78).

Holzschutz

Beim Einsatz von Holz im naturnahen Garten ist das Thema „Holzschutz" besonders brisant. Einerseits erfordert der ständige Witterungseinfluss, dem Holz im Freien ausgesetzt ist, Maßnahmen gegen einen all zu schnellen Verfall. Gleichzeitig sind die herkömmlichen chemischen Holzschutzverfahren ökologisch bedenklich. Im naturnahen Garten sollte deshalb neben dem Einsatz von natürlichen Mitteln zur Behandlung der Holzoberfläche dem konstruktiven Holzschutz besondere Beachtung geschenkt werden.

Konstruktiver Holzschutz

Wer mit Holz baut, sollte sich zu allererst der Endlichkeit seines Bauwerkes bewusst sein und akzeptieren, dass ein Nistkasten aus Kiefernholz nur ein paar Jahre hält, dass auch der Zaun aus Eichenholz nicht das ewige Leben hat und dass ein Lärchenholzpflaster irgendwann dem natürlichen Verfall anheimfällt. Man darf dabei aber auch den positiven Aspekt der Flexibilität nicht aus den Augen verlieren: Wenn die Holzfliesen auf dem Boden der Gartensitzecke verrottet sind, ist es vielleicht sowieso Zeit für eine neue Planung.

Damit die mit Holz gestalteten Elemente im Garten aber trotzdem eine möglichst lange Lebensdauer haben, sollten sie nach den Gesichtspunkten des konstruktiven Holzschutzes gebaut werden. Dieser fängt bei der Wahl des richtigen Holzes an und reicht über die richtigen Verbindungstechniken bis hin zu Überbauungen. Im Wesentlichen ist sein Ziel, das Eindringen von Feuchtigkeit zu vermeiden und das Abfließen von Regenwasser zu erleichtern.

GLATTE OBERFLÄCHEN ❁ sind wasserabweisender als sägeraue. Deshalb sollte man für tragende Teile gehobeltes Holz bevorzugen.

BODENKONTAKT VERMEIDEN ❁ Bauteile, die in die Erde eingegraben werden, wie etwa Pfosten von Zäunen, Pergolen, Rankhilfen oder Ähnliches, sollten vor dem direkten Bodenkontakt geschützt werden. Man kann die Pfosten dazu in ein Schotterbett setzen, das sowohl den Erdkontakt verhindert als auch einen schnellen Wasserabzug ermöglicht. Oder man verwendet sogenannte Pfostenanker (siehe S. 76).

TIPP ❧ **Wenn Sie Holzpfosten direkt in den Boden schlagen wollen, sollten Sie diese an den Enden, die Erdkontakt haben, ankohlen. Diese Technik ist alt und bewährt; sie macht das Holz haltbarer.**

RICHTIGE SCHRAUBRICHTUNG ❁ Damit sich an den Verbindungspunkten einer Holzkonstruktion kein Wasser sammelt, sollten Schrauben möglichst nicht von oben eingesetzt werden.

Hirnholzflächen schützen ❁ Die Fläche, die entsteht, wenn man einen Holzstamm quer zur Faser durchschneidet, sodass die Jahresringe als Kreise zu sehen sind, heißt Hirnholzfläche und ist besonders witterungsanfällig. Auftreffendes Regenwasser kann hier besonders leicht eindringen. Deshalb sollten die oberen Enden von Pfosten beispielsweise angespitzt oder Kanten angeschrägt werden, damit ein Großteil des Wassers ablaufen kann. Auch eine Abdeckung mit einem Holzbrett kommt zum Schutz infrage.

Konstruktiver Holzschutz bei Pfosten

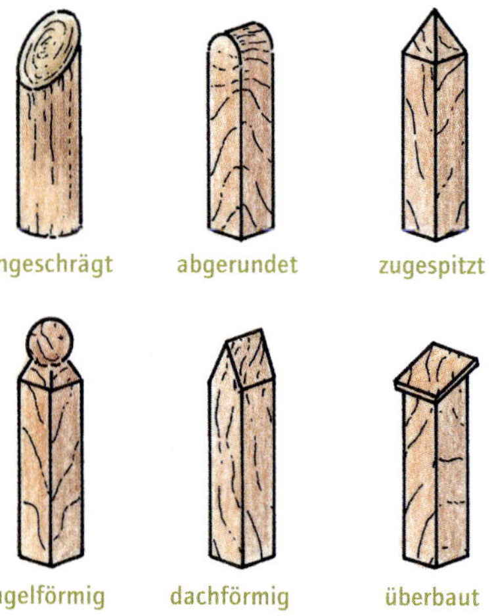

Behandlung der Holzoberfläche

Während chemische Holzschutzmittel darauf abzielen, Holzschädlinge abzuwehren, dient eine Oberflächenbehandlung des Holzes mit Lacken, Lasuren, Ölen oder Wachsen dem Schutz des Holzes vor Regen, Schmutz und Abnutzung.

Generell muss man im naturnahen Garten vor einer Oberflächenbehandlung des Holzes den Vorteil der längeren Haltbarkeit gegen den Nachteil einer künstlich veränderten Oberfläche abwägen. Wenn man sich für eine Oberflächenbehandlung von Holz entscheidet, sollte man ausschließlich natürliche Mittel von ausgewiesenen Naturfarbenherstellern verwenden. Alle anderen Lacke, Lasuren und so weiter können unerwünschte oder sogar giftige Stoffe enthalten.

Leinöl ❁ Ein sehr altes Mittel zur Oberflächenbehandlung von Holz ist das Leinöl. Es ist auch heute noch Bestandteil vieler natürlicher Mittel zur Behandlung von Holzoberflächen. So gibt es bei Naturfarbenherstellern Gartenmöbelöle oder Wetterschutzöle, die Leinöl enthalten, denen allerdings noch andere Öle und Bestandteile beigemischt werden. Diese sollen die Witterungsresistenz erhöhen und weniger leicht auswaschbar sein. Farbpigmente, die der natürlichen Holzfarbe entsprechen, sollen außerdem einen UV-Schutz bieten. Wer aber sicher sein will, dass das Oberflächenmittel ökologisch unbedenklich ist und wer sich an den natürlichen Farbveränderungen des Holzes nicht stört, sollte reines Leinöl oder Leinölfirnis verwenden. Letzterer trocknet viel schneller, kann aber unter Umständen Blei enthalten. Man sollte deshalb unbedingt auf die Inhaltsstoffe achten. Leinöl und bleifreier Leinölfirnis sind ökologisch unbedenkliche Mittel und eignen sich sehr gut, um Holzteile zumindest eine Zeit lang vor Witterungseinflüssen zu schützen. Man trägt beide Mittel mit einem Lappen oder Pinsel kräftig auf das Holz auf, lässt es 20 bis 30 Minuten einziehen und verreibt die verbleibenden Reste kräftig mit einem saugfähigen Lappen. Dieser muss danach ausgebreitet im Freien trocknen; er kann sich sonst selbst entzünden.

Leinöl wird aus der Nutzpflanze Gemeiner Lein *(Linum usitatissimum)* gewonnen.

Holzverarbeitung

Ein wesentliches Merkmal des Baustoffes Holz ist seine leichte Bearbeitbarkeit. Holz lässt sich sägen, spalten, brechen, feilen, schleifen, nageln, schrauben und kleben. Doch je nach Holzart und geplantem Bauwerk muss man die geeignetste Bearbeitungsform, das richtige Werkzeug und die beste Holzverbindung wählen.

Werkzeug

Zur Grundausstattung einer kleinen Holzwerkstatt gehören Handsägen und eventuell eine elektrische Säge, Schraubenzieher beziehungsweise ein Akkuschrauber, Handholzbohrer beziehungsweise eine Bohrmaschine, Hammer, Stemmeisen (Beitel), Feilen Schleifpapier, Schraubzwingen, eine Wasserwaage, ein Schreinerwinkel, Papier und Bleistift, ein Zollstock, Schrauben, Nägel, Holzleim und Mittel zur Oberflächenbehandlung.

SÄGEN ❁ Bei den Handsägen unterscheidet man Sägen mit einem gespannten Sägeblatt, wie Bügelsägen oder Gestellsägen, und Sägen mit einem ungespannten Blatt wie Feinsägen oder Fuchsschwanz. Sehr universell einsetzbar und für viele Holzarbeiten im naturnahen Garten geeignet ist die Feinsäge.

Größere Holzstücke lassen sich allerdings leichter und schneller mit elektrischen Sägen zerteilen. Die einfachste Ausführung ist die Stichsäge, mit der man kleinere Schnitte machen kann. Leisten, Latten und schmale Bretter lassen sich aber besser mit einer Kapp- oder Gehrungssäge zerschneiden. Diese macht sehr saubere Schnitte und hat ein verstellbares Sägeblatt, sodass man auch schräge Schnitte machen kann. Längere Schnitte macht man mit einer Kreissäge, die es fest installiert als Tischkreissäge gibt oder als Handkreissäge.

STEMMEISEN ❁ Ein Stemmeisen oder Stechbeitel besteht aus einem Holzgriff und einer Stahlklinge. Man kann mit ihm der Faserrichtung folgend Späne von einem Stück Holz abheben oder gegen die Faserrichtung ganze Stücke herausklopfen. Meist verwendet man dazu eine Art Holzhammer, den man auch Klüpfel nennt.

Mit einer Kapp- oder Gehrungssäge lassen sich auch schräge Schnitte machen.

Senkkopfschrauben aus Edelstahl und mit Torx-Profil sowie selbstbohrender Spitze.

Schrauben

Schrauben sind als Verbindungselemente bei Holzarbeiten Nägeln meist vorzuziehen, da deren glatter Schaft beispielsweise Zugbelastung nicht sicher standhält und unter Umständen herausgezogen wird. Holzschrauben haben ein selbstschneidendes Gewinde – im Gegensatz zu Schrauben mit einem genormten Gewinde, das ein Gegengewinde verlangt (zum Beispiel eine Mutter). Damit das Holz beim Verschrauben nicht splittert, sollte man in der Regel die Löcher mit einem etwas kleineren Bohrer vorbohren.

MATERIAL ✿ Schrauben können aus Kunststoff, aus Metall oder aus Stahl sein; sie können unbeschichtet oder beschichtet sein. Im Außenbereich eignen sich am besten Schrauben mit einem extra Korrosionsschutz. Das sind etwa spezielle „rostfreie Edelstahlschrauben". Alternativ eignen sich auch verzinkte Stahlschrauben. Allerdings rosten diese schneller.

SCHRAUBENKOPF ✿ Der Schraubenkopf kann verschiedene Formen haben. Neben Flachkopfschrauben gibt es zum Beispiel Senkkopfschrauben, die für viele Holzarbeiten sehr gut geeignet sind. Die Unterseite ihres Kopfes ist angeschrägt, sodass der Schraubenkopf sich in das Material eindreht und so versenkt wird, dass er plan mit der Materialoberfläche abschließt. Eventuelle Fräsrippen am Senkkopf erleichtern das Eindrehen der Schraube.

Weitere Unterschiede am Schraubenkopf beziehen sich auf das sogenannte Mitnahmeprofil; gängig sind hier der Schlitz, der Kreuzschlitz oder ein sternförmiges Profil (Torx). Für jedes Profil braucht man einen entsprechend geformten Schraubenzieher oder die richtigen Einsätze für den Akkuschrauber (Bits).

TIPP **Verwenden Sie für Ihre Holzarbeiten im Außenbereich in jedem Fall rostfreie Edelstahlschrauben, am besten Senkkopfschrauben mit Torx-Profil und Fräsrippen sowie selbstbohrender Spitze.**

Pfostenträger

Pfostenträger gibt es in vielfältigen Formen – und unter verschiedenen Bezeichnungen. Bodenhülsen werden mit ihrem spitzen Ende direkt in den Boden gerammt oder geschraubt; Pfostenschuhe – auch Pfostenanker genannt – betoniert man ein. Allen Pfostenträgern gemeinsam ist, dass sie aus Metall sind und am oberen Ende eine Hülse beziehungsweise eine Steckvorrichtung haben, in der man den Pfosten befestigt.

Pfostenträger schützen Holz vor direktem Bodenkontakt.

Holzverbindungen

Man unterscheidet die ingenieurmäßigen Holzverbindungen von den handwerklichen – auch zimmermannsmäßigen–, die sich über Jahrhunderte entwickelt haben und die regional sehr verschieden ausgeführt und bezeichnet werden. Meist sind dabei keine zusätzlichen Verbindungselemente nötig – die Teile werden einfach ineinandergesteckt. Die ingenieursmäßigen Verbindungen dagegen verwenden Schrauben, Nägel, Winkel oder andere spezielle Verbindungselemente.

VERBLATTUNG ❂ Eine Verblattung – auch Blattung, manchmal Überblattung genannt – wird von Zimmermännern und Schreinern genutzt, um Hölzer, die in einer Ebene liegen, zu verbinden. Dadurch können sowohl Balken verlängert (Längsblattung) als auch Winkel gebildet werden (Eckblattung). Letzteres kann beispielsweise bei der Konstruktion des Tomatendaches zum Einsatz kommen (siehe S. 59). Die Hölzer werden dazu an der Stirnseite bis zur Hälfte ihrer Dicke ausgeschnitten, übereinandergelegt und mit Leim, Nägeln oder Schrauben verbunden.

VERKÄMMUNG ❂ Von einer Verkämmung – auch Aufkämmung oder Überkämmung genannt – spricht man, wenn Holzteile quer zueinander verbunden werden, aber nicht in einer Ebene liegen. Beim Bau einer Pergola beispielsweise werden die aufliegenden Sparren auf die unterliegenden Pfetten „aufgekämmt". Dazu schneidet man die Sparren passgenau aus und „steckt" sie auf die Pfetten. Stabiler und gegen seitliches Verschieben gesichert ist eine Verkämmung, bei der in beide Holzteile eine Kerbe geschnitten wird, wie etwa beim Bau eines Holzkomposters (siehe S. 51) oder der Unterkonstruktion eines Holzdecks (siehe S. 61).

ANDERE VERBINDUNGEN ❂ Zwei weitere klassische Holzverbindungen sind der Versatz als schräge Verbindung und die Zapfung, bei der das eine Holzteil eine Aussparung und das andere einen Zapfen hat.

Gängige Holzverbindungen

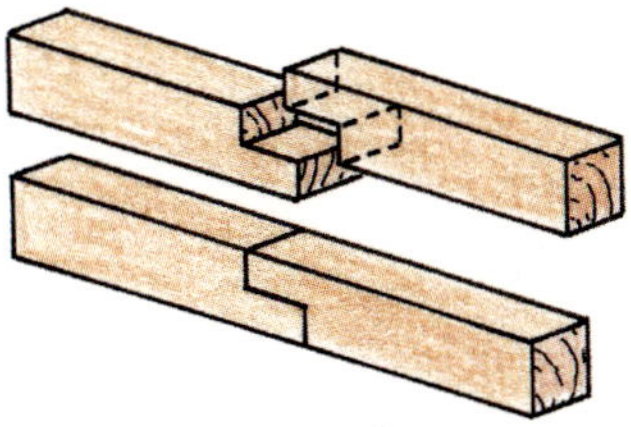

Längsblattung

Eckblattung

Verkämmung

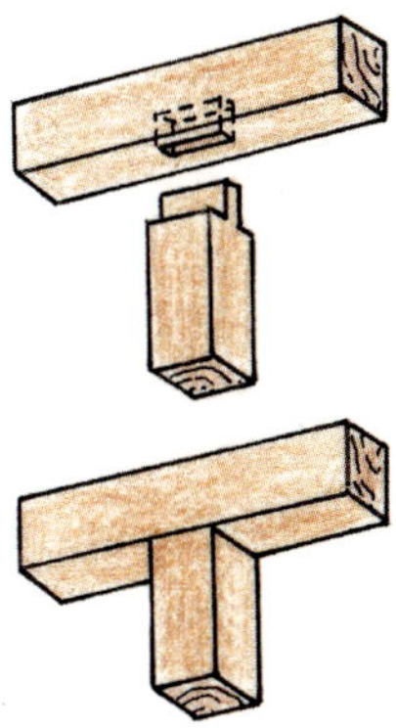

Zapfung

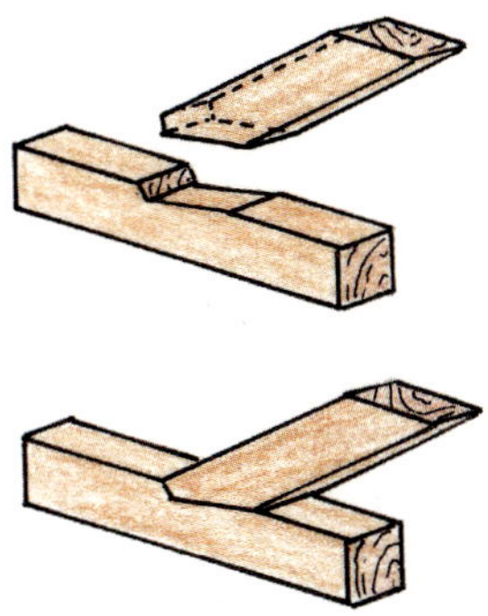

Versatz

Infos & Adressen

Bezug von Saatgut aus biologisch-dynamischem Anbau

Bingenheimer Saatgut AG
Kornstr. 24
61209 Echzell-Bingenheim
Deutschland
www.oekoseeds.de

Bezug von Wildgehölzen und Kletterpflanzen

Naturgarten
Rossdorfstr. 45
2331 Vösendorf
Österreich
www.naturgarten.at

Rosenhof Schultheis
Bad Nauheimer Str. 3–7
61231 Bad Nauheim-Steinfurth
Deutschland
www.rosenhof-schultheis.de

Holzeinkauf

Informationen zur FSC-Zertifizierung findet man auf den folgenden Internetseiten:
www.fsc-deutschland.de
www.label-online.de

Auf der Internetseite www.fsc-info.org kann die Echtheit von FSC-Zertifikaten geprüft werden.

Sowohl Greenpeace (www.greenpeace.at) als auch der WWF (www.wwf.at) haben Holzeinkaufsführer erstellt, die man im Internet einsehen kann.

Informationen zu Thermoholz findet man hier: www.progoodwood.de

Zitierte Literatur

Kreuter, Marie-Luise
Der Biogarten
BLV (München) 2004

Weiterführende Literatur

Bruns, Annelore und Susanne
Werkbuch Biogarten
ökobuch (Staufen bei Freiburg) 2004

Howcroft, Heide
Gestalten mit Holz im Garten
ökobuch (Staufen bei Freiburg) 2006

Mair, Peter
Bauen mit Holz im Garten
Ulmer (Stuttgart) 2004

Register

IMPRESSUM

Deutsche Nationalbibliothek – CIP-Einheitsaufnahme
Die Deutsche Nationalbibliothek verzeichnet diese Publikation in der Deutschen Nationalbibliografie; detaillierte bibliografische Daten sind im Internet über http://dnb.ddb.de abrufbar.

PROJEKTLEITUNG: Brigitte Millan-Ruiz, avBUCH
REDAKTION: Redaktionsbüro Wolfgang Funke, Augsburg
UMSCHLAG: Ravenstein + Partner, Verden
SATZ UND BILDREPRODUKTION: Hantsch & Jesch PrePress Services OG, 1230 Wien
ILLUSTRATIONEN: Monika Biermaier

DRUCK UND BINDUNG: Westermann Druck, Zwickau
Printed in Germany

ISBN: 978-3-7040-2362-9

Bildquellen

Umschlag: Darren Baker/www.istockphoto.com

Inhalt: Jürgen Blümle/Wikipedia: S. 6 u.
Christiane Martin: S. 21 u., 24, 25, 31 u., 54 u., 64 u., 76 beide
Jörn Mojen/Aboutpixel: S. 6 o.
Wolfgang Morell: S. 32
Wolfgang Redeleit: S. 14 u., 69 beide, 70 alle, 71
Thinschmidt & Böswirth: S. 12/13, 23 o., 47 o., 53, 55
Bildagentur Waldhäusl: S. 3, 4/5, 7, 8, 10 beide, 11 beide, 14 o., 15, 17 beide, 18 beide, 19, 20 beide, 21 o., 23 u., 26/27, 28 beide, 29, 30, 31 o., 33, 34, 36 beide, 38, 40 beide, 41, 42/43, 44 beide, 46 beide, 47 u., 48 beide, 49, 50, 54 o., 57 beide, 58 beide, 59, 60 beide, 62 beide, 63, 64 o., 65, 66/67, 68, 73, 74, 75 beide, 78, 79